第五批上海市属高校应用型本科试点专业建设（财务管理专业）项目

二十一世纪财经类应用型本科系列教材

投资与融资

张存 李俊／编著

图书在版编目(CIP)数据

投资与融资 / 张存,李俊编著. —上海:立信会计出版社,2021.3

二十一世纪财经类应用型本科系列教材

ISBN 978-7-5429-6692-6

Ⅰ.①投… Ⅱ.①张… ②李… Ⅲ.①投资-高等学校-教材②投资-高等学校-教材 Ⅳ.①F830.59

中国版本图书馆 CIP 数据核字(2021)第 042051 号

策划编辑	方士华
责任编辑	方士华
封面设计	南房间

投资与融资
Touzi yu Rongzi

出版发行	立信会计出版社		
地　　址	上海市中山西路 2230 号	邮政编码	200235
电　　话	(021)64411389	传　　真	(021)64411325
网　　址	www.lixinaph.com	电子邮箱	lixinaph2019@126.com
网上书店	http://lixin.jd.com		http://lxkjcbs.tmall.com
经　　销	各地新华书店		
印　　刷	上海万卷印刷股份有限公司		
开　　本	787 毫米×1092 毫米	1/16	
印　　张	8	插　　页	1
字　　数	190 千字		
版　　次	2021 年 3 月第 1 版		
印　　次	2021 年 3 月第 1 次		
书　　号	ISBN 978-7-5429-6692-6/F		
定　　价	30.00 元		

如有印订差错,请与本社联系调换

前　言

《投资与融资》系上海市教委第五批应用型本科试点专业——财务管理专业规划教材。本教材不仅可以作为高等院校会计学、财务管理专业，以及其他经济、管理类专业的在校本科生、高职高专学生学习投资与融资的入门教科书，也可供从事财务管理相关工作的人员自学和使用。

《中华人民共和国国民经济和社会发展第十四个五年规划和2035年远景目标纲要》提出，拓展投资空间，优化投资结构，提高投资效率，保持投资合理增长；深化投融资体制改革，发挥政府投资撬动作用，激发民间投资活力，形成市场主导的投资内生增长机制。投资与融资是为适应社会经济发展对人才培养的需求而形成的学科，是公司财务和金融学的重要组成部分。投资与融资发端于18世纪，兴起于19世纪，盛极于20世纪。投资与融资已经成为当代企业资本流动和国际经济交往的重要形式。近年来，随着经济全球化进程的加快，对投资与融资问题的研究不仅保持了其一贯在国际资本研究领域的重要地位，且其研究范围和视角不断拓展，尤其是一些针对新形势、新问题和新现象的相关研究已成为该领域的前沿性课题。

本教材按照由浅入深、循序渐进的认知规律来安排整体的结构和每章的内容，尽量用通俗易懂的语言来阐述投资与融资的基本原理、基本技术和基本方法，使初学者能够快速地了解和理解投资与融资的内容和知识。每章均配有相应的习题，让学生能学有所练。

本教材是由上海师范大学天华学院从事财务管理专业教学和研究的老师共同编写完成的。本教材由张存、李俊编著，负责拟定编写大纲、设计体例和确定内容结构。各章的撰写分工是：第一章、第二章、第三章由张存编写；第四章、第五章、第六章、第七章由李俊编写。本教材由张存完成全书的文字编排和核对，由上海杉达学院刘文国教授完成审稿。

本教材无论在内容上还是体例上都做了新的尝试，但由于编写时间仓促和作者水平有限，仍有许多问题等待去探索和解决，书中不足之处，恳请各位专家、同行和读者批评指正。

编　者

2021年3月

目 录

第一章 投资与融资概述 ·········· 1
第一节 投资的基本概念 ·········· 1
第二节 融资的基本概念 ·········· 5

第二章 投资与融资理论 ·········· 8
第一节 投资基本理论 ·········· 8
第二节 融资基本理论 ·········· 14

第三章 投资与融资主体 ·········· 22
第一节 企业投资与融资 ·········· 22
第二节 商业银行投资与融资 ·········· 34
第三节 证券公司投资与融资 ·········· 46
第四节 保险公司投资与融资 ·········· 50

第四章 投资与融资客体 ·········· 59
第一节 实物资产 ·········· 59
第二节 无形资产 ·········· 68
第三节 金融资产 ·········· 77

第五章 融资决策分析 ·········· 87
第一节 创业企业融资 ·········· 87
第二节 融资需求评估方法 ·········· 91
第三节 融资方案策划 ·········· 96

第六章 投资与融资风险管理 ·········· 101
第一节 投资风险管理 ·········· 101
第二节 融资风险管理 ·········· 107

第七章 跨国投资 ··· 112
第一节 全球跨国投资 ·· 112
第二节 中国跨国投资 ·· 115

参考文献 ··· 120

第一章　投资与融资概述

学习目标

1. 了解投资的定义、内涵和基本方式。
2. 了解融资的定义、主要形式和基本内涵。

投融资是社会经济发展过程中不可或缺的活动,是国民经济蓬勃发展的主要推动力。投融资方式在我国主要是指在资源配置过程中,投融资的决策方式(谁来投资)、投资筹措方式(资金来源)和投资使用方式(怎样投资)的总称,它是投融资活动的具体体现。

第一节　投资的基本概念

一、投资的定义

投资是社会经济活动的重要内容之一,因而也是经济学的基本范畴之一。随着经济生活内容的不断发展和丰富,投资已经成为一个多层次、多侧面的经济概念。

广义的投资是指经济主体为获取预期收益投入经济要素,以形成资产的经济活动。

在上述广义的投资概念中,经济主体即投资者,包括经济法人和自然人。在现时的社会经济生活中,经济主体表现为各种类型的企事业单位、个人、政府以及外国厂商等。预期收益不仅包含着投资的动机与目的,也体现着一定的经济关系,包括可计算的微观经济收益,还包括不可直接计算的社会效益和环境效益等。投入的经济要素是指从事建设和经营活动所必需的物质条件和生产要素。它可以是现金、机器设备、房屋、运输工具、通信、土地等有形资产,也可以是劳务,还可以是专利权、非专利技术、商标权、著作权、土地使用权、特许权经济信息等无形资产投入的事业或领域;可以是建设领域、生产领域,也可以是流通领域、服务领域;可以是固定资产,也可以是流动资产;可以是物质产品的生产,也可以是精神产品的生产。投入的形式包括直接投入和间接投入。投入的地点包括国内和国外。这一概念更多地偏重于理论概括。因为在实际管理工作和在日常生活中,人们谈及投资时,在不同的场合、不同的讨论范围,总是给投资限定了一个较之广义的概念要小的范围。经济学家们一般是从"经济"和"金融"两层含义上来概括和认识投资的。

狭义的投资仅限于有价证券投资,包括个人及公司团体以其拥有的资本从事证券买卖而获利的投资行为,其投资的主要对象有政府公债、公司股票、公司债券、金融债券等。

二、投资的内涵

投资的内涵包括投资主体、投资动机及目的、投资客体以及投资方式四个因素,反映了投资活动中各因素及其所体现的内在经济关系。

(一) 投资主体

投资主体是指具有相对独立的投资决策权,自我筹措、运用投资资金,并拥有投资所形成的资产的所有权或经营权,同时承担投资风险的经济主体。

将这一定义分解开来便可以看出,严格意义上的投资主体需要具备四个条件要素。

1. 有相对独立的投资决策权

投资主体应是投资决策的主体,它可以自主地决定是否投资,向哪个方向投资,采取何种形式、何种技术内容投资,进行多大规模的投资等一系列战略性问题,即它必须在一项投资决策中占据主导地位。这种投资决策权是得到法律认可的,是在不违背法律和国家宏观投资政策的前提下正常行使时应当受到保护的。

2. 自我筹措并自主运用投资资金

投资主体同时还须是资金筹集与运用的主体。

无论其投资项目所需资金形成于何处,均应是由其自身设法筹集到的,包括进行内部积累和自外部融通资金(前者如扩大利润的投资性分配、内部集资;后者如向银行借款,在证券市场上发行股票、债券等);而对资金的使用,也是完全可以自主决定的。

3. 拥有对投资所形成资产的所有权或经营权

投资主体还须是投资直接成果(对公司资本投资来说,主要是通过投资形成的资产体系)的权益主体。从理论上说,这种权益应当体现为所形成资产的所有权,不过在某些情况下,也可能只是体现为经营权。在我国,除国有企业外,其他投资主体如政府、集体与乡镇企业、个人、外商等,对投资所形成的资产一般均拥有所有权;而国有企业作为投资主体,目前拥有的一般是资产的经营权——这与国有企业产权的性质、积累的特殊性以及其他某些原因有关。

4. 自我承担投资风险

投资主体还必须是投资责任主体。作为投资项目的法人,它要对投资的结果负责,承受风险。投资成功,投资主体固然受益,而投资失败,责任也应由投资主体自行负担,其他经济主体没有义务包揽或与其分担。

以上四个条件要素,缺一则不成其为严格意义上的投资主体。

(二) 投资目的

投资目的就是指投资主体对于投资客体的投资意图以及所要获得的投资效果。投资目的主要是希望通过投资过程取得相应的投资效益。投资效益可以体现在以下几方面。

1. 宏观经济效益和微观经济效益

宏观经济效益是从整个国民经济角度来考察的。微观经济效益则是从单个项目角度来考察的。

2. 直接效益和最终效益

直接效益是投资的初始成果,如获取企业经营的控制权、提高市场占有额等。最终效益是投资的最终成果,如获得企业经营的控制权和提高市场占有额的最终目的是提高利润。

3. 财务效益和社会效益

财务效益考察的是获利能力、偿债能力及发展能力等的财务状况,以判断投资项目在财务上的可行性。社会效益评估的是以国家各项社会政策为基础,对项目实现国家和地方社会发展目标所作的贡献和产生的影响及其与社会相互适应性作出的系统分析评估。通常,社会发展目标应包括经济、政治、文化、艺术、教育、卫生、安全、国防、环境等各个社会生活领域的目标。而投资项目要实现的社会发展目标主要是指经济增长速度、收入公平分配、自力更生能力、劳动就业程度、科技进步及其他社会变革等,其中最主要、最根本的还是经济增长和收入公平分配的目标。

(三) 投资客体

投资客体是主体在投资活动中,其权利和义务所共同指向的对象。投资客体的法律性质是指投资客体在法律上区别于其他经济行为客体的本质属性。投资客体是投资制度的基本范畴,是建立完善的投资法律制度的重要基础。不断深入地研究和揭示投资客体的本质属性,对于不断完善投资法律制度、规范投资行为和加强投资的法律监管具有重要意义。但在目前的投资制度理论中,由于各种原因至今还没有能够对此进行完整系统的研究,这里试就此进行进一步探索。

投资客体是指主体在投资活动中所形成的、享有其法定财产权的各种形式的资产。它是建立在投资主体加以经营操作以实现投资目标的对象。①投资客体在法律性质上必须是各种形式的资产。这是作为投资成果客体的首要条件。②这些资产必须是通过投资活动形成的资产,通过其他途径形成的资产因不存在投资行为,不能作为投资行为的成果。③投资主体必须享有该资产的使用权和收益分配权。否则,他就不可能实际经营该资产,就无法实现其投资目的,这种财产的投入行为也就不能被称为投资行为。④在投资成果客体的具体存在形式上,它既可以是投资主体的全权资产,也可以是其特定的限权资产;既可以是有限债务责任资产,也可以是无限债务责任资产。

(四) 投资方式

投资方式是指投入资金运用的形式与方法。其分类包括如下。

1. 按投资回收期限分类

按投资回收期限的长短,投资可分为短期投资和长期投资。短期投资是指回收期在1年以内的投资,主要包括现金、应收款项、存货、短期有价证券等投资;长期投资是指回收期在1年以上的投资,主要包括固定资产、无形资产、对外长期投资等。

2. 按投资行为的介入程度分类

按投资行为的介入程度,投资可分为直接投资和间接投资。直接投资包括企业内部直接投资和对外直接投资,前者形成企业内部直接用于生产经营的各项资产,后者形成企业持有的各种股权性资产,如持有子公司或联营公司股份等。间接投资是指通过购买被投资对象发行的金融工具而将资金间接转移交付给被投资对象使用的投资,如企业购买特定投资对象发行的股票、债券、基金等。

3. 按投资的方向不同分类

按投资的方向不同,投资可分为对内投资和对外投资。从企业的角度看,对内投资就是项目投资是指企业将资金投放于为取得供本企业生产经营使用的固定资产、无形资产、其他资产和垫支流动资金而形成的一种投资。对外投资是指企业为购买国家及其他企业发行的有价证券或其他金融产品(包括:期货与期权、信托、保险),或以货币资金、实物资产、无形资产向其他企业(如联营企业、子公司等)注入资金而发生的投资。

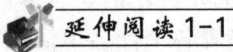
延伸阅读1-1

投 资 的 定 义

美国哈佛大学博士、麻省理工大学经济学教授保罗·A.萨缪尔森在其《经济学》一书中这样定义投资:

必须注意:对于经济学者而言,投资的意义总是实际的资本形成——增加存货的生产,或新工厂、房屋和工具的生产。对于一般人而言,投资的意义仅仅是购买几张通用汽车公司的股票,购买街角的地基或开立储蓄存款的户头。必须弄清这种混淆之处:如果以我的保险柜中取出1 000元把它存于银行,或用来从一个经纪人那里购买普通股票,仅就这一行动而论,经济学者认为投资和储蓄都没有增长。只有当物质资本形成产生时,才有投资;只有当社会的消费少于它的收入,把资源用于资本形成时才有储蓄。

美国斯坦福大学财政金融学教授赫伯特·E.杜格尔与圣克拉拉大学财政金融学教授弗朗西斯·J.科里根于1920年合著的《投资学》一书对投资的金融和经济概念作了如下描述:

从投资者或资本供给者的观点来看,投资是投入现在的资金以便用利息、股息、租金或退休金等形式取得将来的收入,或者使本金增值。

从这种金融的立场出发,储蓄和投资是否用于经济意义上的"生产性"用途是无关紧要的。

无论是投资者从别人那里买进证券,还是把资金用于新的资产,都没有关系……实际上,一般意义上讲,大多数投资都是金融资产在其所有者之间的转让。

关于投资本质在金融意义上或是在一般意义上的这些意见,明显地不同于它经济上的含义。后者有这样的意思,即它是以新的建筑、新的生产者的耐用设备或追加存货等形式构成新的生产性资本。

习 题

单项选择题

1. 投资效益有宏观和微观之分,宏观效益是从( )来考察的。
   A. 独立国民经济   B. 整个国民经济
   C. 投资项目本身   D. 投资项目目标
2. ( )是指投资对象、目标或标的物。
   A. 投资主体   B. 投资目的
   C. 投资客体   D. 投资方式

3. （　　）是指具有相对独立的投资决策权，自我筹措、运用投资资金，并拥有投资所形成的资产的所有权或经营权，同时承担投资风险的经济主体。
   A. 投资主体　　　　　　　　　　B. 投资目的
   C. 投资客体　　　　　　　　　　D. 投资方式

4. （　　）是指投入资金运用的形式与方法。
   A. 投资主体　　　　　　　　　　B. 投资目的
   C. 投资客体　　　　　　　　　　D. 投资方式

5. （　　）是指具有独立投资决策权，并且对投资负有责任的经济法人、自然人或国际法的主体，是投资活动的经济主体。
   A. 投资主体　　　　　　　　　　B. 投资目的
   C. 投资客体　　　　　　　　　　D. 投资方式

6. （　　）是指投资者的意图及所要取得的效果。
   A. 投资主体　　　　　　　　　　B. 投资目的
   C. 投资客体　　　　　　　　　　D. 投资方式

第二节　融资的基本概念

一、融资的定义

融资即资金融通，是指通过各种可行的方法使得资金融通的活动。

广义融资是指资金在资金持有者之间互动的经济行为。它不仅包括资金的融入，也包括资金的融出，因此广义融资体现了资金获取与资金运用的两个方面。

狭义融资是指资金的筹集，单指资金的获取过程，是融资主体根据自身的资金需求，经过科学的预测和决策，通过一定的渠道和方式，从资金盈余一方将资金融进本主体，从而满足自身经营需要的过程。

综上所述，融资是融资主体根据资金余缺进行的资金流通，是建立在货币信用上的客观体现。

二、融资的主要形式

融资主要包括直接融资和间接融资。

（一）直接融资

直接融资是以股票、债券为主要金融工具的一种融资机制。这种由资金供给者与资金需求者通过股票、债券等金融工具直接融通资金的场所，即为直接融资市场，也称证券市场。直接融资能最大可能地吸收社会游资，直接投资于企业生产经营之中，从而弥补了间接融资的不足。

直接融资的优点在于：①资金供求双方联系紧密，有利于资金快速合理配置和使用效益的提高。②筹资的成本较低而投资收益较大。

直接融资的缺点在于：①直接融资双方在资金数量、期限、利率等方面受到的限制多。②直接融资使用的金融工具其流通性较间接融资的要弱，兑现能力较低。③直接融资的风险较大。

（二）间接融资

间接融资是指资金盈余单位与资金短缺单位之间不发生直接关系，而是分别与金融机构发生一笔独立的交易，即资金盈余单位通过存款，或者购买银行、信托、保险等金融机构发行的有价证券，将其暂时闲置的资金先行提供给这些金融中介机构，然后再由这些金融机构以贷款、贴现等形式，或通过购买需要资金的单位发行的有价证券，把资金提供给这些单位使用，从而实现资金融通的过程。

间接融资的优点在于：①银行等金融机构网点多，吸收存款的起点低，能够广泛筹集社会各方面闲散资金，积少成多，形成巨额资金。②在直接融资中，融资的风险由债权人独自承担。而在间接融资中，由于金融机构的资产、负债是多样化的，融资风险便可由多样化的资产和负债结构分散承担，从而安全性较高。③降低融资成本。金融机构的出现是专业化分工协作的结果，它具有了解和掌握借款者有关信息的专长，而不需要每个资金盈余者自己去搜集资金赤字者的有关信息，因而降低了整个社会的融资成本。④有助于解决由于信息不对称所引起的逆向选择和道德风险问题。

间接融资的缺点在于：由于资金供给者与需求者之间加入金融机构为中介，隔断了资金供求双方的直接联系，在一定程度上减少了投资者对投资对象经营状况的关注和筹资者在资金使用方面的压力。

三、融资机制的概念

（一）融资机制的定义

融资机制是指资金融通过程中各个构成要素之间的作用关系及其调控方式。它包括融资主体的确立、融资主体在资金融通过程中的经济行为、国民储蓄转化为投资的渠道、方式以及确保促进资本形成良性循环的金融手段等诸多方面。

（二）融资机制的分类

按照储蓄与投资是否在同一主体内完成，融资机制可分为内部融资机制和外部融资机制。

内部融资机制是指储蓄主体将内部积累的储蓄资源直接用于投资的机制。这一融资机制不涉及融资渠道和融资方式，储蓄者与投资者是一位一体的。内部融资机制的优点是方便简洁、融资成本低；缺点则是储蓄规模与投资需求可能在时间上与空间上不一致，致使投资规模因储蓄不足而受到限制。在现代经济社会，这种内部融资机制不占主导。

外部融资机制是指储蓄者的资金不用于自身的投资项目，而是通过购买股票、债券、存款凭证等金融产品的方式，将资金转移到投资者手中，并由投资者完成投资过程的机制。

（三）融资机制的意义

融资机制的意义就在于疏通储蓄向投资转化的通道，更好地利用融资工具动员储蓄并将之转移到投资领域。因而，融资机制发挥作用的过程既是资金筹集、资金供给过程，同时也是资金配置的过程。

延伸阅读 1-2

阿姆斯特丹证券交易所（Amsterdam Stock Exchang，AEX）于1609年在荷兰的阿姆斯特丹诞生，成为世界历史上第一个股票交易所。阿姆斯特丹银行也是在这一年诞生，大约比英国银行早100年。

第一只可上市交易的股份公司是荷兰联合东印度公司。1602年，荷兰联合东印度公司（以下简称"东印度公司"）成立，这是世界上第一个联合股份公司。通过向全社会融资的方式，东印度公司成功地将社会分散的财富，变成了自己对外扩张的资本。建立东印度公司的目的是为了派遣商船前往南洋，通过交易换回当时欧洲没有的货物，如瓷器、香料、纺织品等，这些物品在当时的欧洲可以卖到很高的价钱，但是没有人能单独提供大笔巨资为船队准备航海和贸易，所以人们通过发行股票来筹集所需的资金。对于买了东印度公司股票的人来说，所获得的利润既可以以黄金、货币或者货款的形式支付，也可以直接用香料支付。由于船队贩运回来的货物有可能一年比一年值钱，人们踊跃地大量购买东印度公司的股票。世界上第一个证券交易所和第一只股票就这样开始了它们的历史使命。

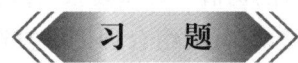

习　题

单项选择题

1. 世界上第一个股票交易所于1609年在（　　）成立。
   A. 荷兰的阿姆斯特丹　　　　　　B. 美国的纽约
   C. 美国的华盛顿　　　　　　　　D. 英国的伦敦
2. 融资是融资主体根据资金余缺进行的资金流通，是建立在（　　）上的客观体现。
   A. 私人信用　　　　　　　　　　B. 货币信用
   C. 公共信用　　　　　　　　　　D. 商业信用

问答题

1. 什么是广义融资和狭义融资？
2. 直接融资和间接融资的区别是什么？

第二章 投资与融资理论

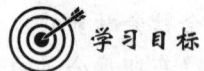学习目标

1. 了解投资的基本理论体系,熟悉企业投资的主要理论体系。
2. 了解融资的基本理论体系,熟悉以企业为主要对象的重要融资理论。

投资与融资理论是研究投融资学的基础,在社会经济的发展进程,在投资与融资领域中的相关理论不断丰富和完善,对投资与融资理论的研究角度和研究方法也在不断地开拓和创新中。投资与融资理论由于覆盖的范围和内涵不同,相应的理论研究重点也不一样。本章对现代投资理论中比较经典著名的均值—方差模型、有效市场假设理论、现代资产组合理论、资本资产定价模型、套利定价理论、行为组合理论等投资理论作简单介绍。本章着重介绍属于企业融资范畴的资本结构理论、权衡理论、代理成本理论、激励理论和信息传递理论等融资理论。

第一节 投资基本理论

现代投资理论是在马柯维茨(Markowitz)于1952年发表的具有历史意义的论文《证券组合选择》和1959年出版的同名专著基础上发展起来的理论框架。继马柯维茨之后,经济学家夏普(Sharp)在1963年发表了《证券组合分析的简化模型》一文,提出了资本资产定价模型(CAPM);罗斯(Ross)随后于1976年提出了套利定价理论(APT)模型。这些模型运用经济计量学的方法,通过建立复杂的数学方程式,从不同角度对证券组合理论进行了丰富和完善,使现代投资理论在近几十年内得到了迅速发展并逐步走向成熟。但由于其严格的苛刻条件,在现实中缺乏可操作性。行为金融学的兴起,无疑对现代投资理论提出了挑战,丰富了现代投资理论的结构框架,为现代投资理论的发展带来了新的契机。本节介绍了经典的现代投资理论,并阐述了行为金融学对现代投资理论的创新和发展。

一、均值—方差模型简介

在丰富的金融投资理论中,组合投资理论占有非常重要的地位,金融产品本质上是各种金融工具的组合。现代投资组合理论试图解释获得最大投资收益与避免过分风险之间的基本权衡关系,也就是说,投资者将不同的投资品种按一定的比例组合在一起作为投资对象,以达到在保证预定收益率的前提下把风险降到最小或者在一定风险的前提下使收益率

最大。

从历史发展看,投资者很早就认识到分散地将资金进行投资可以降低投资风险,扩大投资收益。但是,第一个对此问题作出实质性分析的是马柯维茨以及他所创立的资产组合理论。马柯维茨根据每一种证券的预期收益率、方差和所有证券间的协方差矩阵,得到证券组合的有效边界,再根据投资者的效用无差异曲线,确定最佳投资组合。马柯维茨的证券组合理论在计算投资组合的收益和方差时十分精确,但是在处理含有较多证券的组合时,计算量很大。

马柯维茨的后继者致力于简化投资组合模型。在一系列的假设条件下,夏普等学者推导出了资本资产定价模型,并以此简化了马柯维茨的资产组合模型。由于夏普简化模型的计算量相对于马柯维茨资产组合模型大大减少,并且有效程度并没有降低,所以得到了广泛应用。

马柯维茨模型以预期收益率期望度量收益;以收益率方差度量风险。在教科书中通常以资产的历史收益率的均值作为未来期望收益率,可能会造成"追涨的效果",在实际中这些收益率可能是由研究者给出;在计算组合风险值时协方差对结果影响较大,在教科书中通常以资产的历史收益率的协方差度量资产风险与相关性,这种计算方法存在预期误差,即未来实际协方差矩阵与历史协方差矩阵间存在偏差。

二、有效市场假设理论简介

有效市场假说(Efficient Markets Hypothesis,EMH)是由尤金·法玛(Eugene Fama)于1970年深化并提出的。

有效市场假说的研究起源于巴舍利耶(Bachelier,1900),他从随机过程角度研究了布朗运动以及股价变化的随机性,并且他认识到市场在信息方面的有效性:过去、现在的事件,甚至将来事件的贴现值反映在市场价格中。他提出的"基本原则"是股价遵循公平游戏(fair game)模型。

英国统计学家莫里斯·肯德尔(Maurice Kendall,1953)研究英国、美国的商品价格和证券价格,发现股价变化的随机性。后来,罗伯茨(Roberts,1959)的研究表明,一个从随机数列产生的序列和美国的股价是无法区分的。奥斯本(Osborne,1959)发现股价行为和流体中的粒子的行为差不多,并用物理方法来研究股价行为。康特(Coonter,1964)的论文集收录了大量对随机游走模型的检验;而在这个论文集中,一些论文在解释随机游走时却通常是在暗示股价服从公平游戏过程。因为早期学者是从实证结论出发而缺乏一个理论框架。

经济学家萨缪尔森(Samuelson,1965)和数学家曼德布洛特(Mandelbrot,1966)通过数学证明澄清了公平游戏模型和随机游走的关系,从理论上论述了有效市场和公平游戏模型之间的对应关系,还为有效市场假说作了理论上的铺垫。

在总结了前人的理论和实证的基础上,并借助萨缪尔森的分析方法和罗伯特提出的三种有效形式,尤金·法玛在1970年提出了有效市场假说。

有效市场假说包含以下几个要点:

(1) 在市场上的每个人都是理性的经济人,金融市场上每只股票所代表的各家公司都处于这些理性人的严格监视之下,他们每天都在进行基本分析,以公司未来的获利性来评价公司的股票价格,把未来价值折算成今天的现值,并谨慎地在风险与收益之间进行权衡取舍。

(2) 股票的价格反映了这些理性人的供求的平衡,想买的人正好等于想卖的人,即,认为股价被高估的人与认为股价被低估的人正好相等。假如有人发现这两者不等,即存在套利的可能性的话,他立即会用买进或卖出股票的办法使股价迅速变动到能够使两者相等为止。

(3) 股票的价格也能充分地反映该资产的所有可获得的信息,即"信息有效",当信息变动时,股票的价格就一定会随之变动。一个利好消息或利空消息刚刚传出时,股票的价格就开始异动;当它已路人皆知时,股票的价格也已经涨或跌到适当的价位了。

有效市场假说实际上意味着"天下没有免费的午餐"。在一个正常的有效率的市场上,每个人都别指望发意外之财,所以我们花时间去看路上是否有钱好拣是不明智的,我们费心去分析股票的价值也是无益的,它白费我们的心思。

当然,有效市场假说只是一种理论假说,实际上,并非每个人总是理性的,也并非在每一时点上都是信息有效的。"这种理论也许并不完全正确",曼昆(Mankiw)说,"但是,有效市场假说作为一种对世界的描述,比你认为的要好得多。"

(一) 弱式有效市场假说

弱式有效市场假说(Weak Form Efficiency Market)认为,在弱式有效的情况下,市场价格已充分反映出所有过去历史的证券价格信息,包括股票的成交价、成交量、卖空金额,融资金融等。如果弱式有效市场假说成立,则股票价格的技术分析失去作用,基本分析还可能帮助投资者获得超额利润。

(二) 半强式有效市场假说

半强式有效市场假说(Semi-Strong Form Efficiency Market)认为,价格已充分反映出所有已公开的有关公司营运前景的信息。这些信息有成交价、成交量、盈利资料、盈利预测值,公司管理状况及其他公开披露的财务信息等。假如投资者能迅速获得这些信息,股价应迅速作出反应。如果半强式有效假说成立,则在市场中利用技术分析和基本分析都失去作用,内幕消息可能获得超额利润。

(三) 强式有效市场假说

强式有效市场假说(Strong Form of Efficiency Market)认为,价格已充分地反映了所有关于公司营运的信息,这些信息包括已公开的或内部未公开的信息。在强式有效市场中,没有任何方法能帮助投资者获得超额利润,即使基金和有内幕消息者也一样。

三种有效假说的检验就是建立在三个推论之上,强式有效假说成立时,半强式有效必须成立;半强式有效成立时,弱式有效亦必须成立。

所以,先检验弱式有效是否成立;若成立,再检验半强式有效;再成立,最后检验强式有效是否成立。顺序不可颠倒。

三、现代资产组合理论简介

现代资产组合理论(Modern Portfolio Theory,MPT)也被称为证券投资组合理论,证券组合理论或投资分散理论。

如前所述,现代资产组合理论是由马柯维茨、夏普等发展起来的。它首次应用资产组合报酬的均值和方差这两个数学概念,从数学上明确地定义了投资者偏好,并以数学化的方式解释投资分散化原理,系统地阐述了资产组合和选择问题,标志着现代资产组合理论的开端。该理论认为,投资组合能降低非系统性风险,一个投资组合是由组成的各证券及其权重所确定,选择不相关的证券应是构建投资组合的目标。

马柯维茨利用单个证券收益率的方差衡量单个证券的风险,利用单个证券收益率的方差和与其他证券收益率的协方差来衡量证券组合的风险,并建立最小方差模型,用来确定证券的最优组合,即图 2-1 中曲线 abc 上的任意一点,这样的组合称为前沿证券组合,所有的前沿证券组合的集合构成的证券组合前沿,即图 2-1 中曲线 abc。同时满足风险水平一定时收益最高、收益一定时风险最小条件的前沿证券组合为有效证券组合,即图 2-1 中曲线 bc 上任一点。所有有效证券组合的集合构成有效证券前沿。

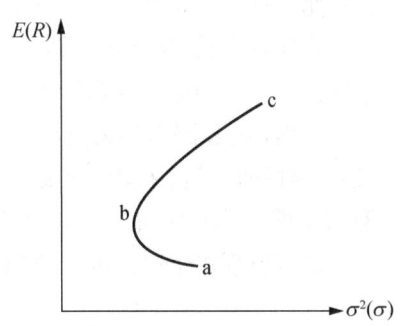

图 2-1　证券组合风险收益前沿

关于现代资产组合理论的研究进展,埃尔顿(Elton)等人进行了系统梳理。现代资产组合理论为风险管理提供了一个重要的结论:组合可分散风险,故是现代风险管理的基石。商业银行资产负债管理的对象就是一个由资产和负债构成的庞大的资产负债组合,现代资产组合理论为商业银行资产负债组合的调整提供了理论依据。

四、资本资产定价模型简介

马柯维茨的分散投资与效率组合投资理论第一次以严谨的数理工具为手段向人们展示了一个风险厌恶的投资者在众多风险资产中如何构建最优资产组合的方法。应该说,这一理论带有很强的规范意味,告诉了投资者应该如何进行投资选择。但问题是,在 20 世纪 50 年代,即便有了当时刚刚诞生的电脑的帮助,在实践中应用马柯维茨的理论仍然是一项烦琐、令人生厌的高难度工作;或者说,与投资的现实世界脱节得过于严重,进而很难完全被投资者采用。鲍莫尔(Baumol)在其 1966 年一篇探讨马柯维茨理论体系的论文中就谈到,按照马柯维茨的理论,即使以较简化的模式出发,要从 1 500 只证券中挑选出有效率的投资组合,当时每运行一次电脑需要耗费 150～300 美元,而如果要执行完整的马科维茨运算,所需的成本至少是前述金额的 50 倍;而且所有这些还必须有一个前提,就是分析师必须能够持续且精确地估计标的证券的预期报酬、风险及相关系数,否则整个运算过程将变得毫无意义。

正是由于这一问题的存在,从 20 世纪 60 年代初开始,以夏普、林特纳和莫辛(Mossin, 1966)为代表的一些经济学家开始从实证的角度出发,探索证券投资的现实,即马科维茨的理论在现实中的应用能否得到简化?如果投资者都采用马科维茨资产组合理论选择最优资产组合,那么资产的均衡价格将如何在收益与风险的权衡中形成?或者说,在市场均衡状态下,资产的价格如何依风险而确定?

这些学者的研究直接导致了资本资产定价模型(CAPM)的产生。作为基于风险资产期望收益均衡基础上的预测模型之一,CAPM 阐述了在投资者都采用马柯维茨的理论进行投资管理的条件下市场均衡状态的形成,把资产的预期收益与预期风险之间的理论关系用一个简单的线性关系表达出来了,即认为一个资产的预期收益率与衡量该资产风险的一个尺度 β 值之间存在正相关关系。应该说,作为一种阐述风险资产均衡价格决定的理论,单一指数模型,或以此为基础的 CAPM 不仅大大简化了投资组合选择的运算过程,使马柯维茨的投资组合选择理论朝现实世界的应用迈进了一大步,而且也使得证券理论从以往的定性分析转入定量分析,从规范性转入实证性,进而对证券投资的理论研究和实际操作,甚至整个金融理论与实践的发展都产生了巨大影响,成为现代金融学的理论基础。

当然,近几十年,作为资本市场均衡理论模型关注的焦点,CAPM 的形式已经远远超越了夏普、林特纳和莫辛提出的传统形式,有了很大的发展,如套利定价模型、跨时资本资产定价模型、消费资本资产定价模型等,目前已经形成了一个较为系统的资本市场均衡理论体系。

夏普发现单个股票或者股票组合的预期回报率(expected return)的公式如下:

$$\bar{r}_a = r_f + \beta_a \times (\bar{r}_m - \bar{r}_f)$$

其中,r_f(risk free rate),表示无风险回报率,纯粹的货币时间价值;β_a 表示证券的 Beta 系数;$\bar{r}_m$ 表示市场期望回报率(expected market return),$\bar{r}_m - \bar{r}_f$ 表示股票市场溢价(equity market premium)。

CAPM 公式中的右边第一个是无风险收益率,比较典型的无风险回报率是 10 年期的美国政府债券。如果股票投资者需要承受额外的风险,那么他将需要在无风险回报率的基础上多获得相应的溢价。那么,股票市场溢价(equity market premium)就等于市场期望回报率减去无风险回报率。证券风险溢价就是股票市场溢价和一个 β 系数的乘积。

CAPM 是建立在马柯维茨模型基础上的,马柯维茨模型的假设自然包含在其中:

(1) 投资者希望财富越多愈好,效用是财富的函数,财富又是投资收益率的函数,因此可以认为效用为收益率的函数。

(2) 投资者能事先知道投资收益率的概率分布为正态分布。

(3) 投资风险用投资收益率的方差或标准差标识。

(4) 影响投资决策的主要因素为期望收益率和风险两项。

(5) 投资者都遵守主宰原则(dominance rule),即同一风险水平下,选择收益率较高的证券;同一收益率水平下,选择风险较低的证券。

CAPM 的附加假设条件包括:

(1) 可以在无风险折现率 R 的水平下无限制地借入或贷出资金。

(2) 所有投资者对证券收益率概率分布的看法一致,因此市场上的效率边界只有一条。

(3) 所有投资者具有相同的投资期限,而且只有一期。

(4) 所有的证券投资可以无限制地细分,在任何一个投资组合里可以含有非整数股份。

(5) 买卖证券时没有税负及交易成本。

(6) 所有投资者可以及时免费获得充分的市场信息。

(7) 不存在通货膨胀,且折现率不变。

(8) 投资者具有相同预期,即他们对预期收益率、标准差和证券之间的协方差具有相同的预期值。

上述假设表明：①投资者是理性的，而且严格按照马柯维茨模型的规则进行多样化的投资，并将从有效边界的某处选择投资组合；②资本市场是完美市场，没有任何摩擦阻碍投资。

五、套利定价理论简介

套利定价理论（Arbitrage Pricing Theory，APT）是 CAPM 的拓展，由 APT 给出的定价模型与 CAPM 一样，都是均衡状态下的模型，不同的是 APT 的基础是因素模型。

套利定价理论认为，套利行为是现代有效率市场（即市场均衡价格）形成的一个决定因素。如果市场未达到均衡状态的话，市场上就会存在无风险套利机会，并且用多个因素来解释风险资产收益，并根据无套利原则，得到风险资产均衡收益与多个因素之间存在（近似的）线性关系。而前面的 CAPM 预测所有证券的收益率都与唯一的公共因子（市场证券组合）收益率存在着线性关系。

套利定价理论的基本机制是：在给定资产收益率计算公式的条件下，根据套利原理推导出资产的价格和均衡关系式。APT 作为描述资本资产价格形成机制的一种新方法，其基础是价格规律：在均衡市场上，两种性质相同的商品不能以不同的价格出售。套利定价理论是一种均衡模型，用来研究证券价格是如何决定的。它假设证券的收益是由一系列产业方面和市场方面的因素确定的。当两种证券的收益受到某种或某些因素的影响时，两种证券收益之间就存在相关性。

套利定价理论导出了与资本资产定价模型相似的一种市场关系。套利定价理论以收益率形成过程的多因子模型为基础，认为证券收益率与一组因子线性相关，这组因子代表证券收益率的一些基本因素。事实上，当收益率通过单一因子（市场组合）形成时，将会发现套利定价理论形成了一种与资本资产定价模型相同的关系。因此，套利定价理论可以被认为是一种广义的资本资产定价模型，为投资者提供了一种替代性的方法，来理解市场中的风险与收益率间的均衡关系。套利定价理论与现代资产组合理论、资本资产定价模型、期权定价模型等一起构成了现代金融学的理论基础。

六、行为组合理论简介

行为组合理论是在现代资产组合理论的基础上发展起来的，行为组合理论是斯塔曼（Statman）和谢弗林（Shefrin）借鉴马柯维茨的现代资产组合理论于 2000 年首创性地提出的，它针对均值—方差方法以及以其为基础的投资决策行为分析理论的缺陷，从投资人的最优投资决策实际上是不确定条件下的心理选择的事实出发，确立了以 $E(w)$ 和 $Prob(w \leqslant s) \leqslant \alpha$，其中 $E(w)$ 为预期财富，α 为某一预先确定的概率，以此来进行组合与投资选择的方法根基，并研究投资者的最优投资决策行为。

该理论打破了现代投资组合理论中存在的局限：理性人局限、投资者均为风险厌恶者的局限以及风险度量的局限，更加接近投资者的实际投资行为，引起了金融界的广泛关注。

在此基础上，斯塔曼和谢弗林还对资本资产定价模型进行了扩展，提出了行为资产定价模型（BAPM），在 BAPM 中，投资者被分为两类：信息交易者和噪声交易者。信息交易者严格按 CAPM 行事，他们不受认知偏差的影响，只关注组合的均值和方差；噪声交易者则会犯各种认知偏差错误，并没有严格的对均值-方差的偏好。两类交易者相互影响，共同决定资产价格。证券的预期收益是由其"行为β"决定的,β是均值方差有效组合的切线斜率。这里的均值—方差有效组合并不等于 CAPM 中的市场组合,因为现在的证券价格受到噪声交易者的影响。另外,BAPM 还对在噪声交易者存在的条件下,市场组合回报的分布、风险溢价、期限结构、期权定价等进行了全面研究。但在 BAPM 中,由于均值—方差有效组合会随时间而改变,市场组合的选择与 CAPM 面临同样困境。

投资人的投资决策实际上是不确定条件下的心理选择。斯塔曼和谢弗林在预期财富和财富低于可以维持的概率的情况下描绘了行为组合理论的有效边界。

习 题

单项选择题

1. 证券市场线描述的是(   )。
   A. 证券的预期收益率与其系统风险的关系
   B. 市场资产组合是风险性证券的最佳资产组合
   C. 证券收益率与资产风险的关系
   D. 市场组合与无风险资产组成的完整的资产组合

2. 零β证券的预期收益率是(   )。
   A. 市场收益率   B. 零收益率
   C. 负收益率   D. 无风险收益率

3. CAPM 模型认为资产组合收益可以由(   )得到最好的解释。
   A. 经济因素   B. 特有风险
   C. 系统风险   D. 分散化

4. 进行组合投资的主要目的是(   )。
   A. 追求较高的投资收益   B. 分散投资风险
   C. 增强投资的流动性   D. 以上均正确

5. 关于证券投资组合理论的以下表述中,正确的是(   )。
   A. 证券投资组合能消除大部分系统风险
   B. 证券投资组合的总规模越大,承担的风险越大
   C. 最小方差组合是所有组合中风险最小的组合,所以报酬最大
   D. 一般情况下,随着更多的证券加入投资组合中,整体风险降低的速度会越来越慢

第二节 融资基本理论

一、资本结构理论

(一)资本结构理论简介

资本结构理论是以 MM 理论为代表的理论体系。美国经济学家弗兰科·莫迪格利安尼

(Franco Modigliani)和默顿·米勒(Mertor Miller)于 1958 年发表的《资本成本、公司财务与投资理论》一文中,提出了最初的 MM 理论,建立了公司资本结构与市场价值不相干模型。

1. MM 理论的基本假设

(1) 企业的经营风险是可以衡量的,有相同经营风险的企业处于同类风险级。

(2) 现在和将来的投资者对企业未来的息税前利润(EBIT)估计完全相同,即投资者对企业未来收益和这些收益风险的预期是相等的。

(3) 股票和债券在完善市场上进行交易,这意味着没有交易成本,投资者(个人或组织)可同企业一样以同等利率借款。

(4) 不论举债多少,企业和个人的负债均无风险。

(5) 所有现金流量都是年金,即企业的盈利增长率为零,预期的息税前利润(EBIT)不变。

此外,该理论还设定:

$$V = S + B$$

其中,V 表示企业价值;S 表示普通股价值;B 表示债券价值。

2. 无公司所得税和个人所得税时的 MM 理论

假设在不考虑税收的情况下,企业的总价值将不受融资结构的影响,即风险相同但融资结构不同的企业,其总价值是相等的。此时 MM 模型有两个基本命题:

(1) 公司的价值独立于其负债比率,取决于未来净经营收益的资本化程度,资本化的利率与公司风险类别是一致的。即不管公司有无负债,其价值取决于预期息税前利润和适用于其风险等级的报酬率,即 $V_u = EBIT/K_u$,V_u 表示无负债的公司价值;$EBIT$ 表示息税前利润;K_u 表示适合于该企业风险等级的资本化率。

(2) 负债经营公司的权益资本成本,等于无负债公司的权益资本成本加风险报酬。风险报酬的多少取决于公司负债的程度。不论企业是否有负债,其加权平均资本成本是不变的。当企业成本固定时,随着企业负债的增加,其股本成本也增加。

3. 有公司所得税时的 MM 理论

在原有模型中加入公司所得税的因子,修正其原始模型。

(1) 公司的价值 $Vl = V_u + B \times R_b \times T_c / R_b = V_u + B \times T_c$,$V_u$ 表示有公司所得税时的无负债的公司价值;B 表示债券的市场价值;R_b 表示债券利率;T_c 表示公司所得税税率,当引入公司所得税后,负债企业的价值会超过无负债企业的价值,负债越多,企业价值越大。

(2) 负债经营公司的权益资本成本,等于无负债公司的权益资本成本加风险报酬。风险报酬则取决于公司的融资结构和所得税税率。企业的股本成本会随负债比例的增加而增加,但所得税会使股本成本上升的幅度低于无税时的上升幅度。

这一模型的结论是:当企业的融资结构全部由债务组成时,企业的市场价值达到最大,而融资成本最小。

4. 同时考虑公司所得税和个人所得税的 MM 理论

虽然修正的 MM 理论中考虑了公司所得税的影响因素,但没有考虑个人所得税的影响。

1976年,米勒在美国金融学会所做的一次报告中提出了把公司所得税和个人所得税都包括在内的模型来估计负债对企业价值的影响,即所谓的"米勒模型"。

公司的价值 $Vl = V_u + B \times [1-(1-T_c)\times(1-T_s)/(1-T_b)]$,$V_u$ 表示有公司所得税和个人所得税时的无负债的公司价值;T_s 表示个人所得税税率;T_b 表示债券所得税税率。

当 $T_c = T_s = T_b = 0$ 时,$Vl = V_u$;

当 $T_s = T_b = 0$ 时,$Vl = V_u + B \times T_c$;

当 $0 \leqslant T_s < T_b$ 时,$Vl < V_u + B \times T_c$,反之,相反;

当 $(1-T_c)\times(1-T_s)=(1-T_b)$ 时,$Vl = V_u$。

因此,对于投资者来说,购买债券和购买股票承担的税负相同;而对于公司来说,由于债券利息具有抵税作用,所以,理论上讲,公司会偏向债券融资。因此,在相对稳定的税收环境里,对于投资者来说,由于股利和利息的税负相同,公司个体可以控制投资者的税率,因此,单个公司的最佳资本结构应该存在。

(二)资本结构理论简评

MM理论尽管有一定的前提和假设条件,但它开创了现代资本结构理论研究的先河,该理论为研究资本结构问题提供了一个有用的起点和分析框架。对于开拓人们的视野,推动资本结构理论乃至投资理论的研究,引导人们从动态的角度把握资本结构与资本成本、公司价值之间的关系以及股利政策与公司价值之间的关系,具有十分重大的意义,因此,MM理论被西方经济学界称之为一次"革命性变革"和"整个现代企业资本结构理论的奠基石"。

MM理论的局限性在于:① 虽然MM理论充分说明了负债融资的避税作用和债务融资的好处,但也提高了破产成本和财务拮据成本。② MM理论把负债融资的增加及由此带来的税收减免作为公司资本结构的决定因素,无法解释没有税收好处的优先股和认股权证的使用问题。

二、权衡理论

(一)权衡理论简介

权衡理论是针对MM理论的第一个局限性提出的,主张企业最优资本结构就是在负债的税收利益和预期破产成本之间权衡。通过放宽MM理论完全信息以外的各种假定,考虑在税收、财务困境成本、代理成本分别或共同存在的条件下,资本结构如何影响企业市场价值。根据考虑内容的不同,权衡理论分为以下两个阶段。

1. 权衡理论

权衡理论的代表人物包括罗比切克(Robichek,1967)、梅耶斯(Mayers,1984)、考斯(Kraus,1973)、鲁宾斯坦(Rubinmstein,1973)、斯科特(Scott,1976)等人。他们认为,企业可以利用税收屏蔽的作用,通过增加债务来增加企业价值。但随着债务的上升,企业陷入财务困境的可能性也增加,甚至可能导致破产,如果企业破产,不可避免地会发生破产成本;即使不破产,但只要存在破产的可能,或者说,只要企业陷入财务困境的概率上升,就会给企业带来额外的成本。这是制约企业增加借贷的一个重要因素,因此,企业在决定资本结构时,必须要权衡负债的避税效应和破产成本。

根据权衡理论,负债企业价值等于无负债企业价值加上节税利益,减去预期财务拮据成本的现值,即 $V_l = V_u + T_c \times B - FPV$($FPV$ 为预期财务危机成本的现值,包括由于债务过高引起的直接或间接的财务危机成本),企业的最佳资本结构存在于企业负债所引起的企业价值增加与因企业负债上升所引起的企业风险成本和各项费用相等时的平衡点上,此时的企业价值最大。

2. 后权衡理论

后权衡理论的代表人物是迪安吉罗(Diamond,1984)、梅耶斯(Mayers,1984)等人。他们将负债的成本从破产成本进一步扩展到了代理成本、财务困境成本和非负债税收利益损失等方面;同时,又将税收利益从原来所讨论的负债收益引申到非负债税收收益方面,实际上是扩大了成本和利益所包括的内容,把企业融资看成是在税收收益和各类负债成本之间的权衡。

权衡理论的结论公式为:

$$V_l = V_u + TD(l) - C(l)$$

其中:V_l 表示有举债的企业价值;V_u 表示无举债的企业价值;TD 表示负债企业的税收利益;C 是破产成本;l 表示举债企业的负债权益比。

Vu 是不变的常量,而 TD 和 C 都是 l 的增函数。在 l 较小时,TD 的增量速度高于 C 的增量速度,此时企业继续举债是有利的;但随着 l 的增加,当 TD 的增量速度等于 C 的增量速度时,企业举债比例达到临界点,此时企业价值最大。

(二)权衡理论简评

权衡理论具有重要的研究意义。它全面考虑了债务融资的利弊,即负债既会给公司带来收益,也会提高成本,进一步揭示了负债与公司价值的关系;运用了边际的方法证明现实中企业的最优资本结构是使债务资本的边际成本和边际收益相等时的比例,具有较强的说服力。

权衡理论也具有一定的局限性,它所揭示的企业价值最大化的负债水平是静态的,实际上,在现实中确定企业负债筹资的利益和成本的数量是非常困难的,也不可能找到精确的能够使企业价值最大化的负债水平。每个企业确实存在最优资本结构,但最优资本结构是动态的而并非是静态的,它随着企业的性质、时间和资本市场的变化而变化。在研究方法上,权衡理论基本上注重的是负债的效应研究,而相对忽略了关于资本结构的设计问题,即企业应怎样安排资本结构,为什么要这样安排资本结构,使企业资本结构的安排缺乏行为方面的解释。

三、代理成本理论

(一)代理成本理论简介

代理成本理论是詹森(Jensen)和麦克林(Meckling)在1976年基于对 MM 理论第二点局限性的质疑提出的。他们认为委托人为防止代理人损害自己的利益,需要通过严密的契约关系和对代理人的严格监督来限制代理人的行为,而这需要付出代价,即代理成本,并且主张代理成本才是公司资本结构中的决定因素。

代理成本是由委托方和代理方之间的利益冲突所引起的额外费用。詹森和麦克林认为,无论是股权融资还是债券融资,都存在代理成本。而最优的资本结构的重点在于"所有者愿意承担的总代理成本,包括新股发行和债务发行的代理成本"。代理成本具体包括:

(1) 权益代理成本是指由股东和管理者之间的利益冲突而产生的成本。股东与管理者之间存在利益冲突的原因主要有:①管理者作为代理人,其目标是追求自身效用的最大化而股东的目标是股东财富最大化;②委托人与代理人之间存在着严重的信息不对称,因为委托人不可能完全观察代理人的行为和人格禀赋;③他们在经营决策上存在着各种分歧。

(2) 债务代理成本是指由债权人与股东之间的利益冲突而产生的成本。企业借款后,存在着利用各种方式从贷款人身上获利的可能性,表现为:①企业为增加利润而增大财务杠杆,即进一步提高负债比例,这将减少先前旧债的价值,造成债权被侵蚀;②企业借款后,用高风险的项目替代已与债权人约定好的低风险的项目;③当债务比例很高时,为保护股东的利益,企业会通过次优决策,选择净现值较小甚至为负的项目或拒绝有利的投资项目;④事后改变股利政策。为防止企业把财富转移到股东手里,债权人一般在贷款合同中设置若干保护性条款中,但这样将降低企业的经营效率,增加额外的监督费用,从而增加债务代理成本,降低负债对企业市场价值的有利作用。

从企业所有者的角度看,只要市场是有效的,权益和负债的定价就能够无偏差地反映代理关系所产生的监督和重置成本。因此企业最优资本结构就应该是:在给定内部资金水平下,使总代理成本(包括以上分析的所有代理成本)最小的负债比例。

从逻辑结构上看,代理成本与财务危机成本有异曲同工之处,都是在权衡负债成本与负债的税收屏蔽收益时分析负债成本因素,从根本上讲,对代理成本的分析是不对称信息理论下的产物,于是,权衡理论者把这一研究成果纳入其理论体系之下,从而形成如下公式:

$$V_l = V_u + TD_{(l)} - C_{(l)} - C_a$$

式中,C_a 表示总代理成本。

(二) 代理成本理论简评

代理成本理论的研究意义是以委托代理理论为基础,确定代理成本是公司融资结构的决定因素,从一个新视角研究公司最优融资结构问题。它指出外部投资者为了减少或避免代理成本,应给予内部的企业家或经理比较多的股权激励,弱化代理关系;揭示了企业家愿意公开账务、外部审计等现象产生的原因是便于外部投资者低成本监控等。这些都为设计更有效的公司治理机制提供了依据。

代理理论的局限性体现在代理成本模型主要针对企业家的初期融资活动,而对于那些主要由领薪经理控制的大公司的融资安排的解释力有限。

四、激励理论

(一) 激励理论简介

激励理论研究的是资本结构与管理者行为之间的关系。例如,当管理者持有的股份比例降低时,其工作努力程度就会降低,而在职消费就会增加,原因是:①努力的成本全部落在自己头上,而努力的收益却有更大比例归于他人;②在职消费的全部好处由自己享有而消费的成本却有更大比例由他人负担。此时,他偷懒和谋求私利的欲望就会增加。因此,在企业绝对投资额不变的情况下,增加投资额中债务融资的比例将增大管理者的股权比例,而且由于债务要求企业用现金偿付,这样就会减少管理者用于享受个人私利的"自有资金",减少其偷懒行为,从而缓和管理者与股东之间的矛盾冲突。

同时,激励理论将债权融资视为一种激励机制,这种机制能够促使管理者更加努力工作,减少个人享受,并且作出更好的投资决策,从而降低由于所有权与控制权分离而产生的代理成本。如果举债融资,企业将有可能面临破产风险,一旦破产,管理者将失去之前所享有的一切任职好处,破产风险对管理者的这种约束取决于企业资本结构中的负债比例。因此,如果管理者不举债,企业的破产风险就会降低,管理者就处于相对不受约束的地位,其最大化股东财富的积极性就会降低,相应地,市场对企业的评价就会偏低,从而增加企业的资金成本;相反,如果管理者决定举债,股东将认为,管理者为保证自己的任职好处会力求股东财富最大化。在这种情况下,市场将提高对企业价值的评估。

(二) 激励理论简评

在经济发展的过程中,劳动分工与交易的出现带来了激励问题。激励理论是行为科学中用于处理需要、动机、目标和行为四者之间关系的核心理论。行为科学认为,人的动机来自需要,由需要确定人们的行为目标,激励则作用于人的内心活动,激发、驱动和强化人的行为。激励理论是业绩评价理论的重要依据,它说明了为什么业绩评价能够促进组织业绩的提高,以及什么样的业绩评价机制才能够促进业绩的提高。

五、信号传递理论

(一) 信号传递理论简介

信号传递理论是建立在内部人和外部人关于企业的真实价值或投资机会的不对称信息基础上的。由于不同的资本结构会传递关于企业真实价值的不同信号,企业管理者将选择合理的资本结构,以增强正面效应的信号、避免负面效应的信号。那么管理者如何通过适当的方法向市场传递有关企业价值的信号,以此来影响投资者的决策呢?

一般来说,企业管理者比外部投资者更为直接地了解到企业内部情况,掌握着企业有关未来现金流量投资机会和盈利的内幕信息。但管理者必须通过适当的行为才能向市场传递有关信号,向投资者表明企业的真实价值。投资者理性地接受和分析这信号,在对企业发行的证券进行定价时,先会通过对企业的财务政策、股利政策和投资政策所传递出来的信号进行预测,然后按照资本市场是完全竞争的思维来估计和支付合理的价格。如果市场是有效的,投资者就能在资本市场依据企业传递的信号来进行竞争并支付合理的价格,这样通过信号观察就可以消除信息不对称现象;与之相适应,企业管理者根据由此产生的市场价格的变化来选择新的财务政策以达到其效用最大化。

在信息不对称环境下,公司向外界传递公司内部信息的常见信号有三种:①利润宣告;②股利宣告;③融资宣告。与利润的会计处理可操纵相比,股利宣告是一种比较可信的信号模式,所以以股利信号传递为例,其理论研究的发展如下。

20世纪五六十年代,美国学者约翰·林特(John Linter)在对600家上市公司财务经理进行问卷调查的基础上提出了一个有关公司收益分配的理论模型,并提供了有关的实证证据。研究结果表明,管理当局对分派股利的调整是谨慎的,只有在确信公司未来收益可达到某一水平并具有持续性基础上可以保证以后股利不会被削减时才会提高股利。同样,只有在管理当局认为当前的股利政策难以为继时才会削减股利。

罗斯(Ross,1977)最早系统地将不对称信息理论引入资本结构和股利政策分析中,他假定企业管理当局对企业的未来收益和投资风险有内部信息,而投资者没有这些内部信息,投资者只能通过管理当局传递出来的信息来评价企业价值管理当局选择的资本结构和股利政策。

在前人研究的基础上,米勒(Miller,1980)正式提出了股利分配的信息含量假说。他指出,公司宣布股利分配能够向市场传递有关公司前景的信息,如果这些信息是投资者以前所未能预期到的,那么股票价格就会对股利的变化作出反应,这种反应就是股利的信息含量效应。非预期的股利增加预示着好消息,是管理当局给市场的一个信号,它表示公司预期会运转得更好,股票价格上涨是因为投资者对未来股利的预期向上调整了,而不是因为公司提高了股利支付率;反之,非预期的股利削减通常是公司陷入麻烦的信号,由于投资者对未来股利预期的降低(并非是公司股利支付率的减少)导致了预期未来股利现值的下降,股票价值下跌,股利分配的信息含量假说得到了大量的数据支持,实证研究进一步发现投资者对股利削减的反应要远大于对同等股利增加的反应,这说明股利削减中所包含的信息确定性更强,这也与财务管理中的风险厌恶假设相一致。

(二) 信号传递理论简评

1. 信号传递理论的优势

(1) 信号传递理论研究是建立在信息不对称基础上的,与现实接近程度较高,现实意义较大。

(2) 无论是从资本结构——权益负债比例上,还是从股利分配政策上,都为公司向外部投资者、潜在投资者和公众传递有利于公司的信息提供了理论指导。

(3) 无论是用边际分析法建立的利兰-派尔模型和建立在博弈论基础上罗斯模型的,还是建立在数学函数分析基础上其他模型,逻辑性都非常强,整个证明过程严谨,对其他的研究提供了方法上的借鉴。

(4) 信号传递理论用于非营利基金会的信息供给分析比较有效。

2. 信号传递理论的局限性

信号传递理论虽然作为股利分配政策的主流理论而不断地被人们广泛接受,但同时也不可避免地存在缺陷,归纳起来主要有:

(1) 市场对股利增减作出的相应反应,不仅信号理论可以解释,其他理论(如代理成本理论)也可以解释。

(2) 信号理论不能对不同行业,不同国家股利差别进行有效的解释和预测(同是有效市场,美国、英国、加拿大的公司的股利发放远大于日本、德国等国家,但却未表现出更强的盈利性)。

(3) 信号理论不能解释为什么公司不采用其他效果相当而成本更低的方式传递信息。

(4) 在市场变得越来越有效、信息手段不断增强的情况下,支付股利为什么作为恒定的信号手段。

(5) 高速成长企业(行业)股利支付率一般都很低,而这类企业往往有很好的业绩。有些企业由于没有正现值的投资项目,会采取高派现的股利政策,信号理论却作出了相反的解释和预测。

单项选择题

1. 在考虑企业所得税但不考虑个人所得税的情况下,下列关于资本结构有税MM理论的说法中,错误的是( )。
   A. 财务杠杆越大,企业价值越大
   B. 财务杠杆越大,企业利息抵税现值越大
   C. 财务杠杆越大,企业权益资本成本越高
   D. 财务杠杆越大,企业加权平均资本成本越高

2. 在信息不对称环境下,公司向外界传递公司内部信息的常见信号有三种:利润宣告、股利宣告和( )。
   A. 股票宣告   B. 投资宣告
   C. 融资宣告   D. 风险宣告

3. 关于MM定理,以下说法中,不正确的是( )。
   A. 也称套利定价技术
   B. MM是诺贝尔经济学奖获得者莫迪格利安尼和米勒的姓氏的第一个字母
   C. 它认为企业的市场价值与企业的资本结构有关
   D. 它假设存在一个完善的资本市场,使企业实现市场价值最大化的努力最终被投资者追求最大投资收益的对策所抵销

4. MM理论的应用具有严格的假设条件,其中不包括( )。
   A. 企业的经营风险可以用EBIT(息税前利润)衡量,有相同经营风险的企业处于同类风险等级
   B. 现在和将来的投资者对企业未来的EBIT估计完全相同,即投资者对企业未来收益和这些收益风险的预期是相等的
   C. 债务融资的税前成本比股票融资成本低
   D. 投资者预期EBIT固定不变,即企业的增长率为零,所有现金流量都是固定年金

5. 代理成本化可分为三部分:委托人的( )、代理人的担保成本、契约最优但又不完全被遵守、执行时的机会成本。
   A. 监督成本   B. 担保成本
   C. 管理成本   D. 机会成本

6. 以下选项中,反映资本结构权衡理论的是( )。
   A. 当综合资本成本最低时的资本结构就是最佳资本结构
   B. 长期负债的资本成本低于权益的资本成本,即长期负债筹资有成本优势
   C. 当企业价值最大时的资本结构就是最佳资本结构
   D. 综合资本成本线是一条凹形曲线

第三章　投资与融资主体

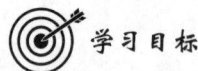

1. 了解投资与融资主体的主要分类。
2. 学会分析以企业、商业银行、证券公司、保险公司为代表的投资与融资主体的定义、特点和内涵。

投资与融资主体是指进行投资与融资活动,承担投资与融资责任和风险的项目法人单位。按投资与融资类型分类,投资与融资主体主要包括:企业投资与融资、金融机构投资与融资、政府投资与融资等。本章选取企业投资与融资、商业银行投资与融资、证券公司投资与融资、保险公司投资与融资作简要介绍。

第一节　企业投资与融资

一、企业融资

(一) 企业融资的定义

企业融资是指企业从自身生产经营现状及资金运用情况出发,根据企业未来经营与发展策略的需要,通过一定的渠道和方式,利用内部积累或向企业的投资者及债权人筹集生产经营所需资金的一种经济活动。

1. 狭义的企业融资

狭义的企业融资即是一个企业的资金筹集的行为与过程。它是企业根据自身的生产经营状况、资金拥有的状况,以及企业未来经营发展的需要,通过科学的预测和决策,采用一定的方式,从一定的渠道向企业的投资者和债权人筹集资金,组织资金的供应,以保证企业正常生产需要,经营管理活动需要的理财行为。企业筹集资金的动机应该遵循一定的原则,通过一定的渠道和一定的方式去进行。

2. 广义的企业融资

广义的企业融资可以被理解为是企业的金融业务,即企业货币资金的融通,企业作为主体通过各种方式到金融市场上筹措或贷放资金的行为。融资可以分为直接融资和间接融资。直接融资是指不经金融机构的媒介,由政府、企事业单位及个人直接以最后借款人的身份向最后贷款人进行的融资活动,其融通的资金直接用于生产、投资和消费。间接融资是指通过金融机构的媒介,由最后借款人向最后贷款人进行的融资活动,如企业向银行、信托公司进行融资等。

(二) 企业融资的意义

资金是企业体内的血液,是企业进行生产经营活动的必要条件,没有足够的资金,企业的生存和发展就没有保障。企业作为主体进行资金融通,使企业及其内部各环节之间的资金供求由不平衡到平衡。当资金短缺时,企业以最小的代价筹措到适当期限、适当额度的资金;当资金盈余时,以最低的风险、适当的期限投放出去,以取得最大的收益,从而实现资金供求的平衡。

综合狭义的和广义的企业融资的定义可知,企业融资是以企业的资产、权益和预期收益为基础,筹集项目建设、营运及业务拓展所需资金的行为过程。企业的发展,是一个融资、发展、再融资、再发展的过程。一般企业都要经过产品经营阶段、品牌经营阶段及资本运营阶段。随着现代企业自身的不断发展,企业与社会专业机构协作,解决企业自身问题的现象越来越普遍。会计师事务所、律师事务所、财经公关、融资顾问等专业机构的出现,为企业发展的各个阶段提供专业化服务。随着社会分工的不断细化,企业发展也从此走上了一条规范化的道路。

(三) 企业融资的分类

1. 按融资来源分类

按企业的融资来源分类,企业融资分为以下两种。

1) 内源融资

内源融资是企业依靠内部积累进行的融资方式。内源融资是指公司经营活动结果产生的资金,即公司内部融通的资金,它主要由留存收益和折旧构成。它是企业不断地将自己的储蓄(主要包括留存盈利、折旧和定额负债)转化为投资的过程。内源融资对企业的资本形成具有原始性、自主性、低成本和抗风险的特点,是企业生存与发展不可或缺的重要组成部分。事实上,在发达的市场经济国家,内源融资是企业首选的融资方式,是企业资金的重要来源。

2) 外源融资

外源融资是指企业外部投资人或投资机构资金注入,将资金转化为股份的过程。企业的发展主要取决于能否获得稳定的资金来源,企业融资主要是指企业在金融市场上的筹资行为。因此,企业融资与资金供给制度、金融市场、金融体制和债信文化有着密切的关系。

2. 按融资方式的分类

按企业融资方式分类,企业的融资方式有两类,即债权融资和股权融资。

1) 债权融资

债权融资是指企业通过借钱的方式进行融资,债权融资所获得的资金,企业首先要承担资金的利息,另外在借款到期后要向债权人偿还资金的本金。

企业通过借钱的方式进行融资。企业首先要承担债权融资所获得的资金的利息,另外在借款到期后要向债权人偿还资金的本金。债权融资的本质决定了其用途主要是解决企业营运资金短缺的问题,而不是用于资本项下的开支。

债权融资主要特点如下:

(1) 债权融资获得的只是资金的使用权而不是所有权,负债资金的使用是有成本的,企业必须支付利息,并且债务到期时须归还本金。

(2) 债权融资能够提高企业所有权资金的资金回报率,具有财务杠杆作用。

(3) 与股权融资相比,债权融资除在一些特定的情况下可能带来债权人对企业的控制和干预问题,一般不会产生对企业的控制权问题。

2) 股权融资

股权融资是指企业的股东愿意让出部分企业所有权,通过企业增资的方式引进新的股东的融资方式。股权融资所获得的资金,企业无须还本付息,但新股东将与老股东同样分享企业的盈利与增长。其资金用途广泛,既可以充实企业的营运资金,也可以用于企业的投资活动。

(1) 股权融资主要特点如下:①长期性。股权融资筹措的资金具有永久性,无到期日,不需归还。②不可逆性。企业采用股权融资无须还本,投资人欲收回本金,需借助于流通市场。③无负担性。股权融资没有固定的股利负担,股利的支付与否和支付多少视公司的经营需要而定。

(2) 股权融资按股票类型有两大类,普通股和优先股。①普通股是享有普通权利、承担普通义务的股份,是公司股份的最基本形式。普通股的股东对公司的管理、收益享有平等权利,根据公司经营效益分红,风险较大。在公司的经营管理和盈利及财产的分配上享有普通权利的股份,代表满足所有债权偿付要求及优先股东的收益权与求偿权要求后对企业盈利和剩余财产的索取权。它构成公司资本的基础,是股票的一种基本形式,也是发行量最大、最为重要的股票。目前,在上海和深圳证券交易所中交易的股票,都是普通股。②优先股是相对于普通股而言的,主要指在利润分红及剩余财产分配的权利方面,优先于普通股的股票。优先股股东没有选举权及被选举权,一般来说对公司的经营没有参与权,优先股股东不能退股,只能通过优先股的赎回条款被公司赎回,但是能稳定分红的股份。

(3) 股权融资按融资的渠道分两大类:公开市场募集和私募股权融资。①公开市场募集是指通过公开形式向资本市场投资者出售股权的方式。②私募股权融资是指通过私募形式对私有企业,即非上市企业进行的权益性投资,在交易实施过程中附带考虑了将来的退出机制,即通过上市、并购或管理层回购等,出售持股获利的方式。

(4) 股权融资主要优点如下:①稳定资金来源。中小企业较难获得银行贷款,而且银行贷款要求抵押担保,收取利息,附加限制性条款,并可能在企业短期还款困难时取消贷款,给贷款企业造成财务危机。和贷款不同,私募股权融资增加所有者权益,而不是增加债务,因此私募股权融资会加强企业的资产负债表,提高企业的抗风险能力。私募股权融资通常不会要求企业支付股息,因此不会对企业的现金流造成负担。投资后,私募股权投资者将成为被投资企业的全面合作伙伴,不能随意从企业撤资。②高附加值服务。私募股权基金的合伙人都是非常资深的企业家和投资专家,他们的专业知识、管理经验以及广泛的商业网络能够帮助企业成长。私募股权基金投资企业后,成了企业的所有者之一,因此和现有企业所有者的利益是一致的。私募股权基金会尽其所能来帮助企业成长,如开拓新市场、寻找合适的供货商以及提供专业的管理咨询等。③降低财务成本。发达国家企业的CFO(首席财务官)的一个重要职责就是设计最优的企业资本结构,从而降低财务成本。通过股权融资和债权融资的合理搭配，企业不仅可以降低财务风险，而且可以降低融资成本。获得私募股权融资后的企业会有更强的资产负债表，通过提高企业在金融机构的信用额度，会更加容易获得银行贷款，进而降低贷款成本。企业可以利用私募股权融资产生的财务和专业优势，实现快速扩张。④提高企业内在价值。能够获得顶尖的私募股权基金本身就证明了企业的实力。类似于上市达到的效果，企业会因此获得知名度和可信度，会更容易赢得客户，也更容易在各种谈判中赢得主动。获得顶尖的私募股权基金投资的企业，通常会对企业的管理有所加强，提高资本运作效率，可以在较短时间内大幅提升企业的业绩。企业可以通过所融资金迅速扩大生产规模，降低单位生产成本，或者通过兼并收购大大增强竞争优势。

二、企业投资

（一）企业投资的定义

企业投资是企业作为主体，将企业所具备的资源或货币垫付，从而取得未来预期收益，满足自身企业未来收益最大化的管理行为，企业投资是企业财务管理的重要组成之一。

企业作为投资主体应具备的条件有：①企业具有相对独立的投资决策权，可以自主地决定投资过程中的一系列战略问题。②企业具有筹集资金权，可以通过自主的决策，完成企业筹资的相关程序和过程，为企业进行投资获得融资来源。③企业具有对自有资金的使用权和管理权。企业作为发起投资的主体，通过自由支配并自主决定资金的使用。④企业具有对投资所形成的资产拥有所有权和管理权。⑤企业具有自我承担投资风险的责任和义务。

（二）企业投资的意义

企业筹资的目的是为了投资，各种资金的最有效组合从而使企业获取最大的投资收益，是企业投资管理所追求的财务目标。在财务管理学上，企业投资通常是指企业投入一定量的资金，从事某项经营活动，以期望在未来时期获取收益或达到其他经营目的的一种经济行为。而投资又有广义和狭义之分。广义上的投资是指企业全部资金的运用，即企业全部资产的占有，既包括投放在固定资产等方面的长期投资，又包括投资在流动资产等方面的短期投资。在市场经济条件下，企业能否把筹集到的资金投放到收益大、风险小的项目上去，即能否进行有效的投资，对企业的生存和发展有着极其重要的意义。

1. 投资是企业创造财富，满足人类生存和发展需要的必要前提

人类社会的存在和发展，需要有充分丰富的物质基础，有效的企业投资活动在为其自身创造财富，同时也为社会创造财富，从而满足整个社会生存和发展的需要。

2. 投资是企业自身生存和发展的必要手段

投资对企业而言，不仅是维持简单再生产的基础，也是扩大再生产的必要条件。在科学技术、社会经济迅速发展的今天，要维持简单再生产的顺利进行，就必须及时对所使用的机器设备进行更新，对产品和生产工艺进行改革，不断提高职工的科学技术水平等；要实现扩大再生产，就必须新建、扩大厂房，增添机器设备，增加职工人数，提高人员素质等。企业只有通过一系列成功的投资活动，才能增强企业实力、广开财源，推动企业不断发展壮大。

3. 投资是实现财务管理目标的基本前提

企业财务管理的目标是不断地创造企业价值，为此，企业就要采取各种措施增加利润，降低风险。从创造价值的角度来看，一个企业之所以具有一定的市场价值，吸引投资者进行投资，并不在于该企业拥有一定的设备、厂房、土地和员工等生产要素，而主要在于企业能够通过投资活动选择购买生产需要的生产要素，并将这些生产要素有效地结合起来，充分发挥其效益，进而实现企业财务管理的目标，不断地创造企业出新的、更高的价值。决定企业价值的关键不在于企业为购置所需生产要素所付出的代价（如企业资产的账面价值），而在于企业经营者利用这些生产要素创造现金收益（或现金流量）的能力。创造的现金流量越多越稳，企业价值就越大；反之，企业价值就越小。而企业创造价值的能力，主要通过投资活动来实现。如果将企业比作一块蛋糕，进行有效的投资的目的就是要让这块蛋糕越做越大，以使与企业有利益关系的各方都能从中受益，增加自身的财富。

4. 投资是降低风险的重要方法

企业如把资金投向生产经营的关键环节或薄弱环节，可以使企业各种生产经营能力配套、平衡，形成更大的综合生产能力；企业如把资金投向多个行业，实行多角化经营，则更能增加企业销售和获利的稳定性。这些都可以降低企业经营风险。

（三）企业投资的分类

根据管理的需要，企业投资可按不同的标准分为不同的种类。

1. 企业投资按投资期限可分为短期投资和长期投资

（1）短期投资又称为流动资产投资，是指在1年内可收回的投资。它主要包括现金、应收款项、存货以及准备在短期内变现的有价证券。短期投资是企业为保证日常生产经营活动正常进行而进行的投资，具有时间短、变现能力强、流动性大等特点。

（2）长期投资是指1年以上才能收回的投资。它主要包括机器、设备、厂房等固定资产的投资，也包括准备长期持有的有价证券投资以及对无形资产的投资。由于固定资产投资在长期投资中所占比重最大，因此，长期投资有时专指固定资产投资。企业的长期投资，尤其是固定资产投资，对企业的长期发展和长期盈利能力起着非常重要的影响。由于这类投资耗资巨大，回收期长，且难以实现，因而，未来的影响因素多，风险大，一旦投资决策失误，改变决策或消除不良决策所造成的后果的成本较高。

例如，美国福特公司在20世纪50年代曾经花费2.5亿美元研制开发了一种名为Edsel的小轿车，但推向市场后因未能为广大消费者所接受，2年多亏损了2亿美元，总计损失达4.5亿美元。幸运的是，福特公司后来设法利用生产Edsel汽车的设备生产出另一种汽车，从而避免了更大的损失。而我国许多投资项目出现严重亏损，其主要原因不在于经营管理上的损失，而在于投资项目本身就先天不足，造成投资决策失误。由此可见，企业在进行长期投资之前，必须做好可行性研究等工作，对未来的经济环境、市场状况、资金投向、各期现金流量等作出尽可能合理的预测，以便能作出正确的决策，减少可能发生的损失。

2. 企业投资按投资范围方向可分为对内投资和对外投资

（1）对内投资又称为内部投资，是指企业为了保证生产经营活动的正常进行和规模的扩大，把资金投在企业内部，购置企业生产经营所需各种资产的投资活动。对内投资又可分为维持性投资和扩张性投资两大类。前者如设备的更新和大修，这类投资一般不扩大企业现有的生产规模,也不改变企业现有的生产经营方向,对企业的前途不产生重大影响;后者是企业为了今后的生存和发展而进行的投资,如增加固定资产、新产品的研制开发等,这类投资或扩大企业的生产经营规模或改变企业的生产经营方向,对企业的前途会产生较大的影响,其一般数额较大,周期较长,风险也较高,因而决策时应审慎行事。

(2) 对外投资又称为外部投资,主要包括两种:①对外直接投资即直接投资于其他企业,是指企业以现金、实物或无形资产等出资形式直接投放于其他经济实体,并参与其经营活动的投资行为,属于直接投资。若接受投资的企业的效益好,出资者就可多分得一些利润,反之,效益差,出资者就要少分利润,甚至蒙受亏损。②对外证券投资是指企业以购买股票、债券等有价证券方式向其他企业投资,以期获取收益或其他长远权利的投资行为,它属于间接投资。对外证券投资又可分为股票投资和债券投资两种形式。股票投资是指投资者购买股份公司的股票,成为其股东的投资行为。企业进行股票投资的主要目的有两种:一是通过投资获得较高的现金股利和股票升值收益,并不关心发行股票公司的生产经营状况,此时,投资与企业的长远发展没有直接的联系,投机的成分较强;二是通过股票投资成为被投资公司的长期股东,希望介入该公司的生产经营活动,甚至希望取得对该公司的控股地位,最终兼并该公司,此时的投资更多的是从企业的长远发展考虑进行的,更接近于真正的投资行为,也更符合生产经营型企业本身应有的经营原则。债券投资是指企业用现金购买由政府、企业、银行和其他金融机构发行的债券的一种投资行为。企业进行债券投资的目的是希望获得较高的利息收益,同时也关心债务人按时还本付息。

3. 企业投资按投资与企业生产经营的关系可分为直接投资和间接投资

(1) 直接投资是指把资金直接投放于生产经营性资产,以便获得收益的投资。例如,购置设备、兴建工厂、开办商店等。直接投资决策要事先创造一个或几个备选方案,通过对这些方案的分析和评价,从中选择最优的行动方案。在非金融性企业中,直接投资比重很大。

(2) 间接投资又称证券投资,是把资金投放于金融性资产,以便获取股利或者利息收入的投资。例如,购买政府公债、企业债券和公司股票等。证券投资决策只能通过证券分析和评价,从证券市场中选择企业需要的股票和债券,并组成投资组合。作为行动方案的投资组合不是事先创造的,而是通过证券分析得出的。随着我国金融市场的完善和多渠道筹资的形成,企业间接投资将越来越广泛。

4. 企业投资按投资的风险程度可分为确定型投资和风险型投资

(1) 确定型投资是指未来情况可以较为准确地预测的投资。由于该种投资风险小,未来收益较为确定,因而企业在进行此类投资决策时,可以不考虑风险问题。

(2) 风险型投资是指未来情况不确定,难以准确预测的投资。由于该种投资风险大,未来收益不确定,企业在进行此类决策时,应充分考虑到投资的风险问题,采用科学的分析方法,以作出正确的投资决策。企业的大多数战略性投资均属于风险投资。

5. 企业投资按投资方案间是否相关可分为独立投资和互斥投资

(1) 独立投资是指在彼此相互独立的若干个投资方案或项目间选择进行的投资。在这种情况下,项目间不能相互取代,并且某一投资项目的收益和成本不会因其他项目的采纳与否而受到影响。对独立投资而言,若无资金总量的限制,只需评价其经济上是否可行(如内含报酬率是否大于基准收益率或资本成本率),便于决定取舍,项目可全部或部分入选。若一定时期内资金总量不足,则存在何者优先安排,何者稍后安排,但不影响各项目的最后采纳。

(2) 互斥投资又称为互不相容投资,是各投资项目间有取必有舍,相互排斥,不能同时并存的投资。这类投资决策必须将所有投资方案逐个进行分析评价,并加以比较,才能作出科学的判断和选择。对互斥投资项目而言,即使每个投资项目本身从经济上评价都可行,也不能同时入选,而只能取较优者。

6. 企业投资按对未来的影响程度可分为战略性投资和战术性投资

(1) 战略性投资是指对企业全局及未来有重大影响的投资。例如,对新产品投资、转产投资、建立分公司等。

(2) 战术性投资是指不影响企业全局和前途的投资。例如,更新设备、改善工作环境、提高生产效率等的投资。

7. 企业投资按投资的性质可分为生产性投资和金融性资产投资

(1) 生产性投资包括以下几种:与企业开业有关的创造性投资,如建造厂房、购置机器设备、采购原材料等;与维持企业现有经营有关的重置性投资,如更新已老化或损坏的设备进行的投资;与降低企业成本有关的重置性投资,如购置高效率设备替代低效率的设备;与现有产品和市场有关道德追加性投资;与新产品和新市场有关的扩充性投资。

(2) 金融性资产投资又称为证券投资,它包括政府债券、企业债券、金融债券、股票等投资。

(四) 企业投资原则

企业投资的根本目的就是获得收益,创造企业价值。企业能否实现目标,关键在于企业能否在风云变幻的市场经济下,抓住有利的时机,作出合理的投资决策。为此,企业在投资时必须坚持以下原则。

1. 认真进行市场调查,及时捕捉投资机会

捕捉投资机会是企业投资活动的起点,也是企业投资决策的关键。在商品经济条件下,投资机会不是固定不变的,而是不断变化的,它要受到诸多因素的影响,最主要的是受到市场需求变化的影响。企业在投资之前,必须认真进行市场调查和市场分析,寻找最有利的投资机会。市场是不断变化的、发展的,对于市场和投资机会的关系,企业也应从动态的角度加以把握。正是由于市场不断变化和发展,才有可能产生一个又一个新的投资机会。随着经济不断发展,人民收入水平不断增加,人们对消费的需求也就发生很大变化,无数的投资机会正是在这种变化中产生的。

2. 建立科学的投资决策程序,认真进行投资项目的可行性分析

在市场经济条件下,企业的投资决策都会面临一定的风险。为了保证投资决策的正确有效,须按科学的投资决策程序,认真进行投资项目的可行性分析。投资项目可行性分析的主要任务是对投资项目技术上的可行性和经济上的有效性进行论证,运用各种方法计算出有关指标,以便合理确定不同项目的优劣。财务部门是对企业的资金进行规划和控制的部门,财务人员必须参与投资项目的可行性分析。

3. 及时足额地筹集资金,保证投资项目的资金供应

企业的投资项目,特别是大型投资项目,建设工期长,所需资金多,一旦开工,就必须有足够的资金供应;否则,就会使工程建设中途下马,出现"半截子工程",造成很大的损失。因

此,在投资项目上马之前,企业必须科学预测投资所需资金的数量和时机,采用适当的方法,筹措资金,保证投资项目顺利完成,尽快产生投资收益。

4. 认真分析风险和收益的关系,适当控制企业的投资风险

收益和风险是共存的。一般而言,收益越大,风险也越大,收益的增加是以风险的增大为代价的,而风险的增加将会引起企业价值的下降,不利于财务目标的实现。企业在进行投资时,只有在收益和风险达到最好的均衡时,才有可能不断增加企业价值,实现财务管理的目标。

(五)企业投资决策的过程

投资决策的过程是指投资者为达到投资目的而采取的一系列行动。一般地,企业投资决策过程可分为调查研究、分析预测、优选决策、事中控制和事后评价五个阶段。

(1)调查研究是投资决策活动的开始,其主要内容是对投资环境的分析、对市场状况的考察和对技术能力的分析。

(2)分析预测是企业对调查研究所得到的大量数据资料进行加工整理,对未来的各种情况作出假设,制定各种投资方案,并对它们作出必要分析的过程。其主要工作包括:对未来产品的生产要素的市场状况和价格水平进行预测,为投资的收益和费用分析打下基础;对投资的资金需求量进行预测,估计投资额的大小;对投资的经济效益进行分析评估,为投资决策提供必要的经济指标。

(3)优选决策是根据企业的经济技术实力和风险承受能力以及决策者对未来形势的期望和判断对投资方案进行优选。

(4)事中控制是指在投资项目兴建过程中的监督和检查工作,以确保工程的正常进展和费用的合理分配,避免工期的延误和费用的浪费。

(5)事后评价是投资者对投资项目的运行状况和运行效果进行分析评价,与预期的要求进行比较,总结经验,找出存在的问题及其原因,加以改进。

(六)投资决策中需要注意的几个问题

1. 关于对内投资与对外投资问题

对内投资与对外投资是企业投资活动两种基本类型。对生产经营型企业来讲,对内投资应是企业投资的重点和基本方向,因为这是企业的特长和发展的源泉所在。只有搞好了对内投资,巩固和扩大了自身的实业基础,企业才能有旺盛的生命力;否则,企业发展就将成为无源之水,无本之木。在对外投资中,联营投资和以控股或介入被投资企业的生产经营活动为目的的投资应占主要地位,这类投资实质上是企业对内投资活动的延伸,是企业以兼并或收购的形式扩大自身经营活动范围的表现。但是,以获取高额股利和股票增值收益为目的的股票投资和债券投资通常不能也不应成为生产经营型企业对外投资的主流和重点。这是因为,对投资于生产经营型企业的投资者来说,他们所看重的是企业的生产经营活动,而不是证券投资活动。关心证券投资活动的投资者可以直接在证券市场上进行证券投资,或投资于专门从事证券投资活动的投资基金,而不需借一般的生产经营型企业之手代劳。生产经营型企业将过多的资金用于证券投资,通常表明这些企业缺乏有效的资金用途。在这种情况下,更可取的做法是将多余的资金以利润分配的形式退还给投资者,让他们自己去寻找合适的投资机会,而不是由企业去做大量的证券投资。

2. 关于企业专业化发展与多角化经营问题

企业投资是以专业化发展为主,还是以多角化经营为主,是企业决策者必须考虑的问题。一般来讲,专业化发展有利于企业的生产规模达到规模经济的要求,有利于企业利用自身的规模优势进行市场竞争,也有利于企业成为本行业中的主导企业,还有利于企业集中精力发展,避免因人力、物力和财力分散造成的竞争力不足。另外,专业化发展的企业在管理上也比较容易。但是,专业化发展也有经营活动单一,风险集中的缺点。一旦主营产业出现问题,将造成整个企业的经营危机。与专业化发展相比,多角化经营具有经营范围广泛,风险分散,经营效果稳定的优点。但多角化经营的缺点同样也很明显,主要表现在以下几个方面:

(1) 如果企业没有足够的实力,就难以在多个经营项目上都达到规模经济的要求,而且很可能是在哪一个方向上都达不到规模经济的要求,从而在竞争中处于不利的地位(与任何一个领域内的专业化企业相比,多角化经营企业在该领域内都很难与之相匹敌)。

(2) 因多角化经营造成企业精力分散,难以在某一领域内形成突破性发展的问题,由于企业对新进入的领域缺乏了解和经验(与该领域内的老企业相比总是如此),容易发生种种难以预测的失误,给企业造成损失。

(3) 需要大量精通不同行业管理的专门人才,同时也要求企业的最高管理人员有很强的管理多种行业的能力,给企业管理带来较大的困难。

综合各方面的因素和大量企业的实践经验来看,对大多数企业来说,实行专业化发展为主,在专业化发展的基础上适当进行多角化经营的投资战略较为合适。这一方面可以集中企业有限的力量进行发展,形成规模经济,又可以在一定程度上分散投资风险,稳定企业的经营成果。目前,我国很多的企业的生产规模达不到规模经济的要求,在经营活动中也缺乏自己的特色,真正有自己的经营特色,有自己的拳头产品,能够有效地占领较大的国内市场的企业寥寥无几。在这种情况下,企业如果仍盲目追求多角化经营,多方向、多行业投资,进一步分散本来已经很有限的实力,绝非明智之举。因此,企业在进行投资决策时一定要认真考虑专业化发展与多角化经营两者间的关系。

3. 关于资本经营与资产经营问题

(1) 资本是企业为购置从事生产经营活动所需要的资产的资金来源,是投资者对企业的投入,包括债务资本和权益资本。资产是企业用于从事市场经营活动以便为投资者带来未来经济利益的经济资源,包括现金、应收账款、存货等各种流动资产、固定资产、无形资产等。从企业经营的角度看,企业需要先获得资本,再将资本转化为资产,从事某种生产经营活动。在市场经济体制下,资本所有者运用资本的目的是为了取得资本的增值,而资本必须进入企业,转化为资产,并与管理、人力资本等生产要素相结合,通过生产某种产品,或提供某种服务后才可能增值。

(2) 资本经营是资本所有者以在既定风险水平上实现投资期望收益最大化为目的的,将资本投资于有关项目或企业的活动。投资风险可分解为可分散的非系统风险和不可分散的系统风险,而非系统风险可以通过投资组合分散掉,得不到相应的风险报酬。因此,资本经营主要以多元化经营、构造满足投资者目标风险水平的充分分散投资风险,且期望收益最高的投资组合为特点。

资本的所有者即企业的投资者（债权人和股东）拥有对资本的控制权和支配权,可以从事资本经营,是资本经营的主体,被称为"资本家"。资本经营者需要具备对风险和收益的良好判断能力；具备将具有不同风险和收益关系的投资对象组合在一起形成一个具有最优的风险与收益关系的投资组合的能力；具备以较少的资金调动更多资金或资本的能力；还需具备选择善于具有资产的个人,即选择企业家的能力。但是,资本经营者并不直接从事资产经营,资本经营的多元化是通过对在不同专业化方向上经营的资产的投资实现的。例如,通过同时投资于波音公司、IBM 公司、可口可乐公司的股票,企业就可以有效地实现在飞机制造、电子行业和商品行业的多元化投资,而这种多元化投资实际上是通过同时选择多个具有不同专业化资产经营能力的企业家分别在各自的专业化经营领域从事资产经营活动而实现的,与对资产经营专业化的要求是完全一致的。

（3）与资本经营不同,资产经营是以企业价值最大化为目的,对具体的资产进行管理、配置和运用的活动（在很多情况下,往往称之为生产经营）。因此,资产经营是对各种生产要素的组合与配置,使其发挥出最大的功效,以尽可能低的投入创造出尽可能高的产出的过程。资产经营所追求的是专业化和特色化,即集中在经营者所擅长的资产经营领域内从事资产经营活动,创造出最大的生产利润。企业作为法人拥有对各项资产的控制权和使用权,可以进行资产经营,是资产经营的主体,而专职从事资产经营的机构和个人被称为"企业家",资产经营的特点要求资产经营者必须具备包括对人力资本在内的各项具体生产要素的组合与配置能力,对具体的产品市场与要素市场状况和前景的了解和预测能力；优先的管理能力；知道将哪些资产组合在一起能够更充分地发挥财富创造效用的能力等。而这些能力又是和具体的资产经营方向密切相关的。比如,经营汽车制造企业与经营饮食服务企业所要求的具体经营能力可能有很大的差别。任何个人或组织都难以具备同时在多个具体的生产经营领域内出色地完成上述工作的能力,与此同时,在任何一个资产经营方向上都存在着多个精通此道的资产经营者,他们之间的竞争是异常激烈的,有时甚至是残酷的。因此,资产经营者只有将精力和资金集中在自己善于经营的资产方向上才有可能在激烈的市场竞争中取得成功,这就要求资产经营必须主要以专业化为特点。波音、微软、IBM 等一系列世界成功企业的经验都充分地从正面证明了这一点。

4. 关于经营计划中价值创造的来源问题

企业财务管理者就是以增加企业的市场价值为目标来经营企业的资源,一项经营计划,如一项新投资、收购另一家公司等,只有在其预期产生未来净现金收益的现值超出实施该项计划的初始现金支出（即净现值为正）时,才会增加企业的价值；否则,当净现值为负时,就会损害企业价值。当投资项目的净现值为正时,企业预期就会产生超额的现金收益,即投资项目的内含报酬率大于其要求的必要报酬率（或贴现率）,显然,超额的现金收益更能吸引大批竞争者进入市场,因而,现在净现值为正的企业必须设置一些代价高昂的进入壁垒来阻止竞争者进入它们的市场,使得潜在的竞争者失去信心。然而,在完全竞争的市场中,由于没有必要的进入壁垒,一旦有好的投资机会出现,大量投资者会蜂拥而入,使可能存在的超额收益迅速消失,投资者是得不到超额收益（即投资项目的净现值为零,投资者的投资收益率恰好等于贴现率）。因此,尽管我们可以通过有关投资决策分析方法计算出某个投资项目的净现值为正,是个有利可图的项目。但是,由于未来存在着不确定性,项目分析出的净现值可能是确实存在的,也可能源于预测误差,还可能是人为制造的。因此,决策者必须对项目分析的结果进行更加深入的思考,应注意以下两点:

(1) 注意市场价值。在可能的情况下,要注意投资项目所使用的资产的市场价值,并与投资项目的净现值分析结果进行比较。特别要考虑这样两个问题:"如果该资产被公允估价,其价值是多少?""是否有别人可以比我们更有效地使用此项资产?"在进行诸如企业购并等投资时,这两个问题显得尤为重要。如果企业发现此项资产的市场价值高于其利用这一资产所能产生的净现金流量的现值,说明存在着能够更有效率地利用此项资产的投资者。这时,最优的选择是及早退出竞争,而不是一味地抬高收购价格,拼个鱼死网破,最终吃亏的还是企业自己。

(2) 寻找自身的竞争优势,预测超额收益。取得超额收益(净现值)的根本条件是自身具有特殊的竞争优势,可以在某个投资领域内形成一定的垄断。因此,企业需要具有正的净现值的投资项目,比如与某种垄断优势相联结。垄断优势将导致投资收益超过机会成本,超过的部分为超额收益,而净现值就是超额收益的现值。

超额收益的来源是多样的,比如:产品的差异化、具有成本优势、发现了新的市场机会、经营特许权的获得,等等。其中,产品的差异化和成本优势是通过企业自身的不懈努力才能获得的。产品的差异化使某一企业的产品所不具备的特殊之处,也可以是产品质量或售后服务方面的过人之处。产品的差异化使购买者对本企业产品的选择不仅仅取决于其价格与其他企业产品价格之间的差别,还取决于本企业的产品所具有的特殊性质,这就为企业利用较高的售价谋取超额收益创造了机会和可能。而通过提高管理水平和技术进步来降低企业的生产差别和经营差别,使企业的产品差别在生产同类产品的企业中保持低水平是企业获取超额收益的另一有效推进。显然,在产品售价相同的情况下,成本低的企业利润高。

另外需要注意的是,企业的某种垄断优势是不能永远保持下去的,企业必须在拥有垄断优势的期限内获得足够多的超额收益才能产生正的净现值。如果垄断优势持续的时间过短,企业还来不及得到足够的超额收益这一垄断优势就化为乌有,则企业仍然无法在这种项目中取得正的净现值。因此,决策者不但要分析企业是否存在某种垄断优势,还要进一步发现这种垄断优势所能持续的时间的长短。

总之,当投资分析表明某投资项目具有正的净现值时,不要轻易地相信计算结果,而是要深入寻找这一净现值的来源。只有能够找到净现值的合理来源,投资分析的结果才是可信的。

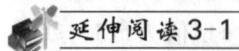

我国多层次资本市场

在资本市场上,不同的投资者与融资者都有不同的规模大小与主体特征,存在着对资本市场金融服务的不同需求。投资者与融资者对投融资金融服务的多样化需求决定了资本市场应该是一个多层次的市场经济体系。

我国资本市场从20世纪90年代发展至今,资本市场已由场内市场和场外市场两部分构成。其中场内市场的主板(含中小板)、科创板、创业板(俗称"二板")和场外市场的全国中小企业股份转让系统(俗称"新三板")、区域性股权交易市场(俗称"四板")、证券公司主导的柜台市场共同组成了我国多层次资本市场体系。

由于"新三板"市场的生态环境、研究方法、博弈策略、生存逻辑等，均不同于以中小散户为参与主体的沪深股票市场，因此，其股票投资方法论，与沪深股票市场也有着显著的区别。

1. 主板市场

主板市场也称为一板市场，是指传统意义上的证券市场（通常指股票市场），是证券发行、上市及交易的主要场所。主板市场对发行人的营业期限、股本大小、盈利水平、最低市值等方面的要求标准较高，上市企业多为大型成熟企业，具有较大的资本规模以及稳定的盈利能力。

2004年5月，经国务院批准，中国证监会批复同意深圳证券交易所在主板市场内设立中小企业板块。从资本市场架构上也从属于一板市场。

主板市场的公司在上交所和深交所两个市场上市。主板市场是资本市场中最重要的组成部分，很大程度上能够反映经济发展状况，有"国民经济晴雨表"之称。

2. 科创板市场

科创板市场独立于现有主板市场。科创板市场坚持面向世界科技前沿、面向经济主战场、面向国家重大需求，主要服务于符合国家战略、突破关键核心技术、市场认可度高的科技创新企业；重点支持新一代信息技术、高端装备、新材料、新能源、节能环保以及生物医药等高新技术产业和战略性新兴产业，推动互联网、大数据、云计算、人工智能和制造业深度融合，引领中高端消费，推动质量变革、效率变革、动力变革。

3. 二板市场

二板市场又称为创业板市场，是地位次于主板市场的二级证券市场，以NASDAQ市场为代表，在中国特指深圳创业板。在上市门槛、监管制度、信息披露、交易者条件、投资风险等方面和主板市场有较大区别。其目的主要是扶持中小企业，尤其是高成长性企业，为风险投资和创投企业建立正常的退出机制，为自主创新国家战略提供融资平台，为多层次的资本市场体系建设添砖加瓦。2012年4月20日，深交所正式发布《深圳证券交易所创业板股票上市规则》，并于5月1日起正式实施，将创业板退市制度方案内容，落实到上市规则之中。

4. 新三板市场

新三板市场即全国中小企业股份转让系统，是经国务院批准设立的全国性证券交易场所，全国中小企业股份转让系统有限责任公司为其运营管理机构。2012年9月20日，公司在国家工商总局注册成立，注册资本为30亿元。上海证券交易所、深圳证券交易所、中国证券登记结算有限责任公司、上海期货交易所、中国金融期货交易所、郑州商品交易所、大连商品交易所为公司股东单位。

由于新三板市场的定位是"以机构投资者和高净值人士为参与主体，为中小微企业提供融资、交易、并购、发债等功能的股票交易场所"，因此，其市场生态、研究方法、博弈策略、生存逻辑等，都和以中小散户为参与主体的沪深股票市场有着显著的区别。

5. 四板市场

四板市场即区域性股权交易市场，是为特定区域内的企业提供股权、债券的转让和融资服务的私募市场，一般以省级为单位，由省级人民政府监管，是我国多层次资本市场的重要组成部分,亦是中国多层次资本市场建设中必不可少的部分。对于促进企业特别是中小微企业股权交易和融资,鼓励科技创新和激活民间资本,加强对实体经济薄弱环节的支持,具有积极作用。

目前全国建成并初具规模的区域股权市场有青海股权交易中心、天津股权交易所、齐鲁股权托管交易中心、上海股权托管交易中心、武汉股权托管交易中心、重庆股份转让系统、前海股权交易中心、广州股权交易中心、浙江股权交易中心、江苏股权交易中心、大连股权托管交易中心、海峡股权托管交易中心等十几家股权交易市场。

资料来源:百度百科。

企业在新三板市场挂牌后,给企业带来的直接变化是:第一,形成了有序的股份退出机制;第二,企业的运作将在证券监管部门、主办报价券商的监管之下,在公众投资者的监督下进行。

企业在新三板市场挂牌的具体好处在于:

(1) 便利融资。有利于完善企业的资本结构,促进企业规范发展。挂牌后可实施定向增发股份,也可提高公司信用等级。

(2) 股份转让。股东股份可以合法转让,提高股权流动性。

(3) 转板上市。转板机制一旦确定,可优先享受"绿色通道"。

(4) 价值发现。公司股份挂牌后的市场价格创造财富效应,提高公司对人才的吸引力。

(5) 公司发展。有利于完善企业的资本结构,促进企业规范发展。

(6) 宣传效应。"新三板"市场聚集了一批优质、高成长性的高新技术企业,成为高新技术企业便利高效的投融资平台,有利于树立企业品牌,促进企业开拓市场,扩大企业宣传。

习 题

问答题

1. 企业作为投融资主体需具备的条件是什么?
2. 简述企业投资管理的意义。
3. 投资是如何进行分类的?
4. 企业的各种类型投资之间的区别是什么?
5. 企业投资决策包括哪几个阶段?
6. 企业在投资决策中应如何处理好对内投资与对外投资的关系?

第二节 商业银行投资与融资

一、商业银行概述

(一) 商业银行的定义及特点

商业银行是以经营存款、放款,办理转账结算为主要业务,以盈利为主要经营目标的金融企业。

与其他金融机构相比,其明显的特点是能够吸收活期存款,创造货币。其活期存款构成货币供给或交换媒介的重要部分,也是信用扩张的重要源泉。

我国商业银行除具备商业银行的一般特征外,还具有以下几个特点:

(1) 在所有制结构上,以国家独资或控股的国有商业银行为主体,同时发展一定数量的股份制商业银行。

(2) 在现阶段,商业银行不得在境内从事信托投资和股票业务,不得对非银行金融机构和企业投资,不得投资于非自用不动产。

(3) 实行风险管理,包括资产负债比例管理。

(二) 我国商业银行的分类

目前我国商业银行有三类:

第一类是大型国有控股商业银行,目前有中国工商银行、中国农业银行、中国银行、中国建设银行。

第二类是全国股份制商业银行,目前有交通银行、深圳发展银行、中信实业银行、中国光大银行、华夏银行、中国投资银行、招商银行、广东发展银行、福建兴业银行、上海浦东发展银行、海南发展银行、中国民生银行12家。

第三类是城市商业银行,它们是在原城市信用合作社清产核资的基础上,吸收地方财政、企业入股组建而成的,是股份制性质的。截至2020年年底,全国共有133家城市商业银行挂牌营业。

(三) 商业银行的基本设立条件

在我国,设立商业银行必须经过中国人民银行批准,未经批准,任何单位和个人不得从事吸收公众存款等商业银行业务。任何单位不得在名称中使用"银行"的字样。

设立商业银行必须符合《中华人民共和国公司法》(以下简称《公司法》)、《中华人民共和国商业银行法》(以下简称《商业银行法》)规定的各项要求,如设立商业银行的注册资本最低限额为10亿元人民币,城市商业银行、农村商业银行的注册资本最低限额分别为1亿元和5 000万元人民币;高级管理人员要符合《金融机构高级管理人员管理暂行规定》的要求等。

(四) 我国商业银行的组织结构

商业银行的组织结构可分为单一行制、总分行制、连锁银行制、控股公司制等几种。

我国的商业银行是采取总分行制,即法律允许商业银行在全国范围或一定区域内设立分支行,各分行不具有独立法人资格,整个银行对外是一个独立法人。

但商业银行设立分支行机构有严格的限制:一是必须经过中国人民银行批准;二是商业银行境内分支机构不按行政区域设立;三是商业银行总行要按规定拨付运营资金,拨付的各分支机构的运营资金总和不得超过总行资本金的60%。此外,其资产负债比例应达到中国人民银行规定的各项管理指标;经营业绩良好;没有违反金融监管法规;要遵守一定的审批、登记程序等。

二、商业银行投资

(一) 商业银行的投资定义

根据《商业银行法》的规定,我国商业银行可以通过将资金投资于各种有价证券以获得投资的收益。

(二) 商业银行的投资原则

商业银行的投资原则是:安全性、盈利性、流动性。

1. 安全性原则

安全性原则要求商业银行在投资过程中必须考虑信用风险、市场风险、货币风险,使自己的投资免遭风险损失。在商业银行的投资业务中客观存在着各种各样的风险,银行的资产有遭受损失的可能,因而必须采取措施防范风险。

(1) 信用风险是指银行的借款人或交易对象不能按事先达成的协议履行义务的潜在可能性。

(2) 市场风险是指由于市场价格,尤其是指股票价格和商品价格的不利变动而使银行交易业务和非交易业务发生损失的风险。

(3) 货币风险是指由于市场利率和汇率的波动而给银行造成的风险。

2. 盈利性原则

盈利性原则是商业银行投资的基本原则,也可以看作是商业银行投资的根本目的,是指商业银行要在投资中获得利润,要求商业银行投资业务的目标是追求最大利润,只有保持有一定的盈利水平,商业银行才能充实资本金,增强实力,提高竞争力。

3. 流动性原则

流动性原则包括两个方面:

(1) 商业银行投资对象的流动性,主要体现在商业银行在证券转手时要有一定的速效,要确保持有的投资证券可以在较短的时期内转手兑现,确保商业银行的资金需求。

(2) 商业银行自身的流动性,能够顺应政策法规的调整和金融市场行情的变化,及时修正自身的投资策略和方向,获得商业银行投资收益的最大化。

(三) 商业银行的投资目的

1. 获取收益

它是商业银行投资业务的基本功能,包括利息收益和资本利得收益。

2. 保持流动性

它是银行流动性管理中不可或缺的第二级准备金。

3. 分散风险

降低风险的一个基本做法是实行资产分散化。证券投资为银行资产分散化提供了一种选择。

4. 合理避税

商业银行投资的证券多数集中在国债和地方政府债券上,往往具有税收优惠。

除此之外,证券投资的某些证券可以作为向中央银行借款的抵押品,证券投资还是银行管理资产利率敏感性和期限结构的重要手段。

(四)商业银行的投资策略

商业银行证券投资的一般策略是指银行将资金投资在不同种类、不同期限的证券中进行分配,尽可能对风险和收益进行协调,使风险最小,收益率最高,从而达到有效证券组合。有效证券组合就是对投资者最有利的证券组合。它是指在证券投资总额一定的条件下,承担的总风险相同但预期收益较高的证券组合,或者是预期收益相同但组合的总风险度最低的证券组合。

商业银行的投资策略主要包括分散投资法、期限分离法、灵活调整法、证券调换法、避税组合法。

1. 分散投资法

分散投资法是指商业银行不应把投资资金全部用来购买一种证券,而应当购买多种类型的证券,这样可以使商业银行持有的各种证券收益和风险相互抵销,获得较为客观的收益。

证券投资的分散法主要有四种方法:期限分散法、地域分散法、类型分散法和发行者分散法。在这些分散法中,最重要的就是期限分散法,而期限分散的主要办法是梯形期限法。

梯形期限法也被称为等距离到期投资组合。其使用的基本前提是当预测利率波动的能力和保值技术能力有限时,可选择此策略。

梯形期限法的基本内容是,首先确定证券投资的最长期限 N,其次把资金量均匀地投资在不同期限的同质证券上,即 $1/N$。每年到期的证券收入现金流再投资于 N 年期的证券上,连续地向前滚动。

例如,某中小银行可接受的证券投资最长期限为 5 年。银行把证券投资组合的 20% 投放在 1 年期的证券上,在 2 年期、3 年期、4 年期、5 年期的证券上也各投放 20%。当第 1 年的证券到期后,所收回的资金再用于购买 5 年期的证券,此时原有的证券的期限都缩短了 1 年,整个证券投资组合的期限结构仍然不变。

2. 期限分离法

期限分离法和分散化投资法正好相反。分散化投资法是将全部资金平均分摊在从短期到长期的各种证券上,而期限分离法是将全部资金投放在一种期限的证券上,或短期或长期。

这种投资方法具有很大的风险,不能保证银行获取中等程度的收益。但银行一旦获利,收益也会很高。

期限分离法有三种不同的战略:短期投资战略、长期投资战略和杠铃投资战略。

(1) 短期投资战略又称前置期限法,是指当银行面临高度流动性需求的情况下,且银行分析认为一段时期内短期利率将趋于下跌,银行把其绝大部分投资资金,全部投放在短期证券上,几乎不购买其他期限的证券。此种投资法强调流动性管理,并且避免利率上升遭受大额资本损失。

(2) 长期投资战略又称后置期限法,是银行将其绝大部分资金投资于长期证券上,几乎不持有任何其他期限的证券。如果利率下跌,使银行证券潜在收入最大化。此种战略强调将证券投资组合作为收入的来源,如果利率下跌,使银行证券潜在收入最大化。

(3) 杠铃投资战略综合了上述两种方法,将其全部投资资金主要分成两部分:一部分投放在短期证券上,另一部分投放在长期证券上,而对中期证券则基本不投资。杠铃投资战略与短期投资战略和长期投资战略相比,其优势主要在于:①比较灵活,银行可以根据市场利率的变动,对其投资进行调整。②杠铃投资战略可以使银行的投资活动在保持较高收益的同时,保持一定的流动性和灵活性。

3. 灵活调整法

灵活调整法又称利率预期法,是所有期限战略中最具有进取性的战略,银行按照对利率和经济的当期预测,不断调整所持有证券期限。当预测长期利率将下降,长期证券的价格将上涨时,商业银行就把短期投资资金转移到长期证券上;当预测短期利率将下降,短期证券的价格将上升时,商业银行就把长期资金转移到短期证券上。

此种方法可能赚取大量的资本利得,但也可能招致巨大的资本损失。采用该方法要求对市场有深入了解。

4. 证券调换法

当市场处于暂时性不均衡而使不同证券产生相对收益方面的优势时,用相对劣势的证券调换相对优势的证券可以套取无风险的收益。其主要有价格调换、利率预期调换、收益率调换、市场内部差额调换。

(1) 价格调换实质上就是套利行为,致力于收集非完全有效市场上所有证券的价格信息,一旦发现有价格高于或低于其真实价值的证券,随即对组合构成进行调换。

(2) 利率预期调换是指市场利率变化对各种不同证券的收益率影响效果是不同的。根据对利率走势的预测,将对利率变化反应产生不利的证券,调换为产生良好效应的证券。

(3) 收益率调换是指银行发现市场上有一种证券与自己已持有的证券在期限、票面价值、到期收益率、风险等级等其他方面都一样,且该证券的票面收益率比较高时,就出售已持有的证券来调换票面收益率高的证券。

(4) 市场内部差额调换是指两种证券在期限、预期收益率、风险等级等方面各项情况均相同时,只要有一项不同,但这项不同并不一定会必然产生未来价格或收益的影响,仅仅出于流动性、风险的考虑,也需要将所持有的较劣证券更换成新的品种。

5. 避税组合法

在存在证券投资利息收入税负差异,从而使两种债券出现税前收益率与税后收益率不一致时,银行应在投资组合中尽量利用税前收益率高的应税债券,以其利息收入抵补融资成本,并将剩余资金全部投资于税后收益率最高的减免税证券上,从而提高证券投资盈利水平。

最佳避税策略是指将资金在收益率高、税率高的公司债券和收益率相对较低但可以获得免税的免税债券之间合理分配,从而实现投资收益的最大化。

(五) 商业银行的投资对象

商业银行的投资按对象不同,可以分为以下类型。

1. 中央政府债券投资

中央政府债券又称国债或国库券,是一国中央政府因弥补财政资金不足而向社会集资的一种凭证。它是公债中的一种主要形式。国债不仅是一种特殊的债券而且还是国家财政分配的一种方式。它对于调节国家财政收支状况和市场货币量,对于集中资金进行经济建设具有重要意义。

根据期限的不同,国债可被区分为短期国债、中期国债和长期国债。

短期国债又称为国库券,是指期限在1年或者1年以内的国债。短期国债的主要目的是为了调节年度内财政收支临时出现的不平衡。中期国债的期限通常在1年至10年。长期国债的期限通常在10年至20年。中长期国债的目的是为了弥补财政赤字,或者是为了公共建设的需要而筹集资金。

在各类证券中,中央政府债券是商业银行投资的主要对象,因为中央政府债券的安全性最好,政府不会拒付资金,也不会转移风险。

2. 政府机构债券投资

政府机构债券是指除中央政府(财政部)以外的其他政府部门和有关机构发行的借款凭证。这种债券信誉较高,风险较低,一般以中长期为主。虽然期限较长,其流动性相对较差,但收益率通常比中央政府公债的收益率高。

3. 地方政府的债券投资

地方政府债券是指中央政府之下的各级政府发行的借款凭证,又称市场债券。它主要是为发展地方公益事业筹集资金而发行的。购买地方政府债券,其利息收入可以免纳国家所得税和地方所得税,从而使地方政府债券所提供的收益率事实上要高于其他债券。

4. 公司债券和股票

公司债券是由工商企业或公司发行的借款凭证。商业银行必须选择优质公司债券,包括抵押债券、信用债券。商业银行对公司债券的投资在逐年下降,其原因包括:公司债券的风险很大,投资公司债券不可享受税收优惠,收益不如其他债券高,并且公司债券期限较长,会使银行资金被长期占用。股票虽然是一种重要的投资对象,但商业银行对它的投资还是有限的。许多国家规定商业银行不能购买股票或购进数不能超过其自有资本的一定比例。所以,在商业银行的投资对象中,银行对股票投资所占的比例较小。

(六) 我国商业银行的投资限制

《商业银行法》第四十三条规定:"商业银行在中华人民共和国境内不得从事信托投资和证券经营业务,不得向非自用不动产投资或者向非银行金融机构和企业投资,但国家另有规定的除外。"

1. 不得从事证券经营业务

此项规定的目的在于保障金融业的安全。证券交易主要有三种风险,即信用风险、利率风险和市场风险。我国的证券市场尚未完全纳入法制管理的轨道,股票价格波动较大,如果国家允许商业银行投资于证券市场,则可能会使存款人的利益受损,造成金融秩序的不稳定。

2. 不得从事信托投资业务

金融信托是指拥有资金或财产的部门和个人,为了更好地运用和管理自己的资财,获得较好的经济效益,委托信托机构代其运用、管理或处理其财产的经济行为。法律限制商业银行不得从事信托投资业务,主要是考虑到我国金融监管还缺乏实践经验和相应的手段、我国商业银行经营管理水平和业务水平不高等原因。限制商业银行涉及信托投资业务,有利于商业银行集中力量吸收存款,严格贷款管理,做好票据结算工作,保证按期收回贷款,保护存款人和银行客户的合法权益。

3. 不得向非银行金融机构和企业投资

目前,我国的非银行金融机构包括信托投资公司、财务公司、金融租赁公司等多种形式,它们的企业资本金普遍较低,抵御风险的能力较弱,而且其经营机构有待于完善,经营管理水平也有待于提高。此外,我国商业银行的资产质量普遍不高,贷款中不良贷款占有较高的比重,严重影响了商业银行的正常经营。商业银行现有的资本实力,在目前以至今后相当长的时间内,只能部分地作为抵御风险的损失准备金,而不应该鼓励其向外投资。

从传统商业银行经营管理的角度看,银行自营投资突出体现了商业银行的"三性"原则,即"安全性、流动性、效益性"。从安全性来看,自营投资纳入银行表内授信授权管理体系,执行与贷款同等甚至更高的信用风险审查标准;从流动性来看,自营投资主要投资于债券,作为银行资产负债表内的高流动性资产,充当着商业银行的二级准备金和向中央银行、其他金融机构融入资金的质押品角色,是银行流动性管理的重要工具;从效益性来看,债券是银行一类重要的生息资产,但由于具有安全性标准和流动性优势,投资回报率一般低于信贷资产。

由于《商业银行法》第四十三条的限制,且缺少其他法律或规范性文件的明确规定,商业银行直接对外进行股权投资的方式目前仍然受限,多数商业银行通过采取其他变通方式使用自有资金进行股权投资,如通道模式,即商业银行通过信托计划、资管计划、私募基金等通道投资于目标企业。

三、商业银行融资

(一) 商业银行的融资定义

商业银行的融资是指商业银行通过发行资本工具获得市场资本金,以扩大市场份额,满足客户的信贷,以及填补公众存款和贷款需求之间的资金缺口。

(二) 商业银行的融资动因

随着金融市场的发展,越来越多的非银行机构,如基金公司、证券公司等进入金融中介市场,使得银行的市场份额大幅下降。另外,随着证券市场的发展与金融投资工具的丰富,资金投资者可以绕过银行直接将资金融通给需求方,这就造成了商业银行的现金流产生短缺的可能性。2010年12月发布的《巴塞尔协议Ⅲ》,确立了银行业资本和流动性监管的新标准,要求各成员国从2013年开始实施。中国银监会借鉴其监管要求,在2013年实行的《商业银行资本管理办法》中,对国内商业银行资本充足率水平提出了更高的监管要求。

(三) 商业银行的融资策略

商业银行融资方式分为:产权性融资、债券性融资、结构性融资。

1. 产权性融资

产权性融资就是商业银行通过在资本市场公开上市或者吸引新股东和资金注入等方式来让渡一部分产权进行资金融入的过程。与其他融资方式相比,产权性融资不仅可以促进储蓄向投资的转化,从而实现资本与资源之间的交换,而且具有改善公司的治理结构、推动政府通过公开市场业务调控金融市场的功能。产权性融资是筹资者和投资者之间直接建立契约关系的融资方式,在这种方式下,股东作为约束主体,享有剩余收入的索取权与公司正常经营时的控制权,有利于股东治理公司各项业务,提高公司经营业绩。

2. 债券性融资

债券性融资即银行通过发行企业债的方式获得资金进行融资。债券发行相较于股票发行而言其约束条件少,发行成本也相对较低,通过债券融资,商业银行可以获得新的现金流,同时不会稀释原有股东手中的股权,也不会削弱原股东的控制权。其特征主要体现在:①稳定性,债券在到期之前一般不能提前兑换,只能在市场上出售转让,从而保证了所筹集资金的稳定性。②灵活性,商业银行可以灵活规定期限,从而保证商业银行可以筹集到期限灵活的资金。③保障性,由于银行的资信程度较高,可以确保违约风险较低。④利率性,通常来说,商业银行发行的金融债券的利率通常低于一般企业债券,但高于风险更低的国债和银行存款利率。

3. 结构性融资

结构性融资主要指资产证券化,一般指将缺乏流动性、但具有可预期收入的资产,通过在资本市场上发行证券的方式予以出售,以获取融资,以最大化提高资产的流动性。资产证券化在一些国家运用非常普遍。目前美国一半以上的住房抵押贷款、3/4 以上的汽车贷款是靠发行资产证券提供的。资产证券化是通过在资本市场和货币市场发行证券筹资的一种直接融资方式。对于商业银行而言,商业银行可以将投资银行业务中,企业的各种流动性较差但又有稳定预期回报的金融资产,如住房抵押贷款、企业的应收账款等,分类整理为一批资产组合,在市场上出售。

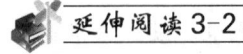
延伸阅读3-2

中华人民共和国商业银行法(2015 年修正)
节选(第一至第四章)

第一章　总　　则

第一条　为了保护商业银行、存款人和其他客户的合法权益,规范商业银行的行为,提高信贷资产质量,加强监督管理,保障商业银行的稳健运行,维护金融秩序,促进社会主义市场经济的发展,制定本法。

第二条　本法所称的商业银行是指依照本法和《中华人民共和国公司法》设立的吸收公众存款、发放贷款、办理结算等业务的企业法人。

第三条　商业银行可以经营下列部分或者全部业务:(一)吸收公众存款;(二)发放短期、中期和长期贷款;(三)办理国内外结算;(四)办理票据承兑与贴现;(五)发行金融债券;(六)代理发行、代理兑付、承销政府债券;(七)买卖政府债券、金融债券;(八)从事同业拆借;(九)买卖、代理买卖外汇;(十)从事银行卡业务;(十一)提供信用证服务及担保;(十二)代理收付款项及代理保险业务;(十三)提供保管箱服务;(十四)经国务院银行业监督管理机构批准的其他业务。经营范围由商业银行章程规定,报国务院银行业监督管理机构批准。商业银行经中国人民银行批准,可以经营结汇、售汇业务。

第四条　商业银行以安全性、流动性、效益性为经营原则,实行自主经营,自担风险,自负盈亏,自我约束。商业银行依法开展业务,不受任何单位和个人的干涉。商业银行以其全部法人财产独立承担民事责任。

第五条 商业银行与客户的业务往来,应当遵循平等、自愿、公平和诚实信用的原则。

第六条 商业银行应当保障存款人的合法权益不受任何单位和个人的侵犯。

第七条 商业银行开展信贷业务,应当严格审查借款人的资信,实行担保,保障按期收回贷款。商业银行依法向借款人收回到期贷款的本金和利息,受法律保护。

第八条 商业银行开展业务,应当遵守法律、行政法规的有关规定,不得损害国家利益、社会公共利益。

第九条 商业银行开展业务,应当遵守公平竞争的原则,不得从事不正当竞争。

第十条 商业银行依法接受国务院银行业监督管理机构的监督管理,但法律规定其有关业务接受其他监督管理部门或者机构监督管理的,依照其规定。

第二章 商业银行的设立和组织机构

第十一条 设立商业银行,应当经国务院银行业监督管理机构审查批准。未经国务院银行业监督管理机构批准,任何单位和个人不得从事吸收公众存款等商业银行业务,任何单位不得在名称中使用"银行"字样。

第十二条 设立商业银行,应当具备下列条件:(一)有符合本法和《中华人民共和国公司法》规定的章程;(二)有符合本法规定的注册资本最低限额;(三)有具备任职专业知识和业务工作经验的董事、高级管理人员;(四)有健全的组织机构和管理制度;(五)有符合要求的营业场所、安全防范措施和与业务有关的其他设施。设立商业银行,还应当符合其他审慎性条件。

第十三条 设立全国性商业银行的注册资本最低限额为十亿元人民币。设立城市商业银行的注册资本最低限额为一亿元人民币,设立农村商业银行的注册资本最低限额为五千万元人民币。注册资本应当是实缴资本。国务院银行业监督管理机构根据审慎监管的要求可以调整注册资本最低限额,但不得少于前款规定的限额。

第十四条 设立商业银行,申请人应当向国务院银行业监督管理机构提交下列文件、资料:(一)申请书,申请书应当载明拟设立的商业银行的名称、所在地、注册资本、业务范围等;(二)可行性研究报告;(三)国务院银行业监督管理机构规定提交的其他文件、资料。

第十五条 设立商业银行的申请经审查符合本法第十四条规定的,申请人应当填写正式申请表,并提交下列文件、资料:(一)章程草案;(二)拟任职的董事、高级管理人员的资格证明;(三)法定验资机构出具的验资证明;(四)股东名册及其出资额、股份;(五)持有注册资本百分之五以上的股东的资信证明和有关资料;(六)经营方针和计划;(七)营业场所、安全防范措施和与业务有关的其他设施的资料;(八)国务院银行业监督管理机构规定的其他文件、资料。

第十六条 经批准设立的商业银行,由国务院银行业监督管理机构颁发经营许可证,并凭该许可证向工商行政管理部门办理登记,领取营业执照。

第十七条 商业银行的组织形式、组织机构适用《中华人民共和国公司法》的规定。本法施行前设立的商业银行,其组织形式、组织机构不完全符合《中华人民共和国公司法》规定的,可以继续沿用原有的规定,适用前款规定的日期由国务院规定。

第十八条 国有独资商业银行设立监事会。监事会的产生办法由国务院规定。监事会对国有独资商业银行的信贷资产质量、资产负债比例、国有资产保值增值等情况以及高级管理人员违反法律、行政法规或者章程的行为和损害银行利益的行为进行监督。

第十九条 商业银行根据业务需要可以在中华人民共和国境内外设立分支机构。设立分支机构必须经国务院银行业监督管理机构审查批准。在中华人民共和国境内的分支机构，不按行政区划设立。商业银行在中华人民共和国境内设立分支机构，应当按照规定拨付与其经营规模相适应的营运资金额。拨付各分支机构营运资金额的总和，不得超过总行资本金总额的百分之六十。

第二十条 设立商业银行分支机构，申请人应当向国务院银行业监督管理机构提交下列文件、资料：（一）申请书，申请书应当载明拟设立的分支机构的名称、营运资金额、业务范围、总行及分支机构所在地等；（二）申请人最近二年的财务会计报告；（三）拟任职的高级管理人员的资格证明；（四）经营方针和计划；（五）营业场所、安全防范措施和与业务有关的其他设施的资料；（六）国务院银行业监督管理机构规定的其他文件、资料。

第二十一条 经批准设立的商业银行分支机构，由国务院银行业监督管理机构颁发经营许可证，并凭该许可证向工商行政管理部门办理登记，领取营业执照。

第二十二条 商业银行对其分支机构实行全行统一核算，统一调度资金，分级管理的财务制度。商业银行分支机构不具有法人资格，在总行授权范围内依法开展业务，其民事责任由总行承担。

第二十三条 经批准设立的商业银行及其分支机构，由国务院银行业监督管理机构予以公告。商业银行及其分支机构自取得营业执照之日起无正当理由超过六个月未开业的，或者开业后自行停业连续六个月以上的，由国务院银行业监督管理机构吊销其经营许可证，并予以公告。

第二十四条 商业银行有下列变更事项之一的，应当经国务院银行业监督管理机构批准：（一）变更名称；（二）变更注册资本；（三）变更总行或者分支行所在地；（四）调整业务范围；（五）变更持有资本总额或者股份总额百分之五以上的股东；（六）修改章程；（七）国务院银行业监督管理机构规定的其他变更事项。更换董事、高级管理人员时，应当报经国务院银行业监督管理机构审查其任职资格。

第二十五条 商业银行的分立、合并，适用《中华人民共和国公司法》的规定。商业银行的分立、合并，应当经国务院银行业监督管理机构审查批准。

第二十六条 商业银行应当依照法律、行政法规的规定使用经营许可证。禁止伪造、变造、转让、出租、出借经营许可证。

第二十七条 有下列情形之一的，不得担任商业银行的董事、高级管理人员：（一）因犯有贪污、贿赂、侵占财产、挪用财产罪或者破坏社会经济秩序罪，被判处刑罚，或者因犯罪被剥夺政治权利的；（二）担任因经营不善破产清算的公司、企业的董事或者厂长、经理，并对该公司、企业的破产负有个人责任的；（三）担任因违法被吊销营业执照的公司、企业的法定代表人，并负有个人责任的；（四）个人所负数额较大的债务到期未清偿的。

第二十八条 任何单位和个人购买商业银行股份总额百分之五以上的，应当事先经国务院银行业监督管理机构批准。

第三章 对存款人的保护

第二十九条 商业银行办理个人储蓄存款业务，应当遵循存款自愿、取款自由、存款有息、为存款人保密的原则。对个人储蓄存款,商业银行有权拒绝任何单位或者个人查询、冻结、扣划,但法律另有规定的除外。

第三十条 对单位存款,商业银行有权拒绝任何单位或者个人查询,但法律、行政法规另有规定的除外;有权拒绝任何单位或者个人冻结、扣划,但法律另有规定的除外。

第三十一条 商业银行应当按照中国人民银行规定的存款利率的上下限,确定存款利率,并予以公告。

第三十二条 商业银行应当按照中国人民银行的规定,向中国人民银行交存存款准备金,留足备付金。

第三十三条 商业银行应当保证存款本金和利息的支付,不得拖延、拒绝支付存款本金和利息。

第四章 贷款和其他业务的基本规则

第三十四条 商业银行根据国民经济和社会发展的需要,在国家产业政策指导下开展贷款业务。

第三十五条 商业银行贷款,应当对借款人的借款用途、偿还能力、还款方式等情况进行严格审查。商业银行贷款,应当实行审贷分离、分级审批的制度。

第三十六条 商业银行贷款,借款人应当提供担保。商业银行应当对保证人的偿还能力,抵押物、质物的权属和价值以及实现抵押权、质权的可行性进行严格审查。经商业银行审查、评估,确认借款人资信良好,确能偿还贷款的,可以不提供担保。

第三十七条 商业银行贷款,应当与借款人订立书面合同。合同应当约定贷款种类、借款用途、金额、利率、还款期限、还款方式、违约责任和双方认为需要约定的其他事项。

第三十八条 商业银行应当按照中国人民银行规定的贷款利率的上下限,确定贷款利率。

第三十九条 商业银行贷款,应当遵守下列资产负债比例管理的规定:(一)资本充足率不得低于百分之八;(二)流动性资产余额与流动性负债余额的比例不得低于百分之二十五;(三)对同一借款人的贷款余额与商业银行资本余额的比例不得超过百分之十;(四)国务院银行业监督管理机构对资产负债比例管理的其他规定。本法施行前设立的商业银行,在本法施行后,其资产负债比例不符合前款规定的,应当在一定的期限内符合前款规定。具体办法由国务院规定。

第四十条 商业银行不得向关系人发放信用贷款;向关系人发放担保贷款的条件不得优于其他借款人同类贷款的条件。前款所称关系人是指:(一)商业银行的董事、监事、管理人员、信贷业务人员及其近亲属;(二)前项所列人员投资或者担任高级管理职务的公司、企业和其他经济组织。

第四十一条 任何单位和个人不得强令商业银行发放贷款或者提供担保。商业银行有权拒绝任何单位和个人强令要求其发放贷款或者提供担保。

第四十二条 借款人应当按期归还贷款的本金和利息。借款人到期不归还担保贷款的,商业银行依法享有要求保证人归还贷款本金和利息或者就该担保物优先受偿的权利。商业银行因行使抵押权、质权而取得的不动产或者股权,应当自取得之日起二年内予以处分。借款人到期不归还信用贷款的,应当按照合同约定承担责任。

第四十三条 商业银行在中华人民共和国境内不得从事信托投资和证券经营业务,不得向非自用不动产投资或者向非银行金融机构和企业投资,但国家另有规定的除外。

第四十四条 商业银行办理票据承兑、汇兑、委托收款等结算业务,应当按照规定的期限兑现,收付入账,不得压单、压票或者违反规定退票。有关兑现、收付入账期限的规定应当公布。

第四十五条 商业银行发行金融债券或者到境外借款,应当依照法律、行政法规的规定报经批准。

第四十六条 同业拆借,应当遵守中国人民银行的规定。禁止利用拆入资金发放固定资产贷款或者用于投资。拆出资金限于交足存款准备金、留足备付金和归还中国人民银行到期贷款之后的闲置资金。拆入资金用于弥补票据结算、联行汇差头寸的不足和解决临时性周转资金的需要。

第四十七条 商业银行不得违反规定提高或者降低利率以及采用其他不正当手段,吸收存款,发放贷款。

第四十八条 企业事业单位可以自主选择一家商业银行的营业场所开立一个办理日常转账结算和现金收付的基本账户,不得开立两个以上基本账户。任何单位和个人不得将单位的资金以个人名义开立账户存储。

第四十九条 商业银行的营业时间应当方便客户,并予以公告。商业银行应当在公告的营业时间内营业,不得擅自停止营业或者缩短营业时间。

第五十条 商业银行办理业务,提供服务,按照规定收取手续费。收费项目和标准由国务院银行业监督管理机构、中国人民银行根据职责分工,分别会同国务院价格主管部门制定。

第五十一条 商业银行应当按照国家有关规定保存财务会计报表、业务合同以及其他资料。

第五十二条 商业银行的工作人员应当遵守法律、行政法规和其他各项业务管理的规定,不得有下列行为:(一)利用职务上的便利,索取、收受贿赂或者违反国家规定收受各种名义的回扣、手续费;(二)利用职务上的便利,贪污、挪用、侵占本行或者客户的资金;(三)违反规定徇私向亲属、朋友发放贷款或者提供担保;(四)在其他经济组织兼职;(五)违反法律、行政法规和业务管理规定的其他行为。

第五十三条 商业银行的工作人员不得泄露其在任职期间知悉的国家秘密、商业秘密。

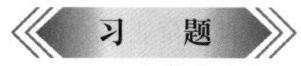

习 题

单项选择题

我国商业银行的自有资金不可以投资于( )。

A. 公司债券 B. 中央银行票据
C. 同业拆借 D. 短期融资券

多项选择题

关于我国商业银行投资业务的限制,下列说法中,正确的有( )。

A. 不得从事信托投资业务 B. 不得从事证券经营业务
C. 可以向非自用的不动产投资 D. 不得从事企业投资业务
E. 可以向非银行类金融机构投资

第三节　证券公司投资与融资

一、证券公司概述

(一) 证券公司的定义

证券公司是指专门从事有价证券买卖的法人企业。它可分为证券经营公司和证券登记公司。狭义的证券公司是指证券经营公司,是经主管机关批准并到证券公司有关工商行政管理局领取营业执照后专门经营证券业务的机构。它具有证券交易所的会员资格,可以承销发行、自营买卖或自营兼代理买卖证券。普通投资人的证券投资都要通过证券商来进行。

(二) 证券公司的分类

按功能划分,证券公司可分为证券经纪商、证券自营商、证券承销商。

(1) 证券经纪商(即证券经纪公司)。它是代理买卖证券的证券机构,接受投资人委托、代为买卖证券,并收取一定手续费即佣金,如东吴证券苏州营业部,江海证券经纪公司。

(2) 证券自营商(即综合型证券公司)。它是指除了证券经纪公司的权限外,还可以自行买卖证券的证券机构。它资金雄厚,可直接进入交易所为自己买卖股票,如国泰君安证券。

(3) 证券承销商。它是以包销或代销形式帮助发行人发售证券的机构。

实际上,许多证券公司是兼营这三种业务的。按照各国现行的做法,证券交易所的会员公司均可在交易市场进行自营买卖,但专门以自营买卖为主的证券公司为数极少。

另外,一些经过认证的创新型证券公司,还具有创设权证的权限,如中信证券。证券登记公司是证券集中登记过户的服务机构。它是证券交易不可缺少的部分,并兼有行政管理性质。它须经主管机关审核批准方可设立。

二、证券公司投资

证券公司的投资活动主要集中在自营业务、资产管理和风险投资三个方面。我国在 2006 年 2 月前,是禁止证券公司开展风险投资业务的,所以风险投资业务并非证券公司的主要投资活动,本书只讨论自营业务和资产管理业务。

(一) 自营业务

1. 自营业务的定义

自营业务是指证券公司用自己的名义或资金进行证券的买入和卖出,以获得证券买卖差价为目的的证券业务。

2. 自营业务的内容

证券公司证券自营投资品种清单如下:

(1) 已经和依法可以在境内证券交易所上市交易和转让的证券。

(2) 已经在全国中小企业股份转让系统挂牌转让的证券。

(3) 已经和依法可以在符合规定的区域性股权交易市场挂牌转让的私募债券,已经在符合规定的区域性股权交易市场挂牌转让的股票。

(4) 已经和依法可以在境内银行间市场交易的证券。

(5) 经国家金融监管部门或者其授权机构依法批准或备案发行并在境内金融机构柜台交易的证券。

延伸阅读 3-3

关于证券公司证券自营业务投资范围及有关事项的规定

(2011年4月29日中国证券监督管理委员会公布 根据2012年11月16日中国证券监督管理委员会《关于修改〈关于证券公司证券自营业务投资范围及有关事项的规定〉的决定》修订)

第一条 为了明确证券公司证券自营业务的投资范围及有关事项,根据《证券公司监督管理条例》,制定本规定。

第二条 证券公司从事证券自营业务,可以买卖本规定附件《证券公司证券自营投资品种清单》所列证券。

第三条 证券公司可以委托具备证券资产管理业务资格、特定客户资产管理业务资格或者合格境内机构投资者资格的其他证券公司或者基金管理公司进行证券投资管理。

证券公司将自有资金投资于依法公开发行的国债、投资级公司债、货币市场基金、央行票据等中国证券监督管理委员会(以下简称证监会)认可的风险较低、流动性较强的证券,或者委托其他证券公司或者基金管理公司进行证券投资管理,且投资规模合计不超过其净资本80%的,无须取得证券自营业务资格。

第四条 证券公司可以设立子公司,从事《证券公司证券自营投资品种清单》所列品种以外的金融产品等投资。

设立前款规定子公司的证券公司,应当具备证券自营业务资格,并按照《证券公司监督管理条例》第十三条关于变更公司章程重要条款的规定,事先报经公司住所地证监会派出机构批准。

证券公司不得为本条第一款规定的子公司提供融资或者担保。

第五条 具备证券自营业务资格的证券公司可以从事金融衍生产品交易。

不具备证券自营业务资格的证券公司只能以对冲风险为目的,从事金融衍生产品交易。

第六条 证券公司与本规定有关事项的净资本和风险资本准备计算,应当符合证监会的规定。

第七条 本规定自2011年6月1日起施行。证监会此前公布的有关规定与本规定不一致的,以本规定为准。

(二) 资产管理业务

1. 资产管理业务的定义

资产管理业务是指券商作为资产管理人,依照有关法律法规等的规定与客户签订资产管理合同,根据资产管理合同约定的方式、条件、要求及限制,对客户资产进行经营操作,为客户提供证券及其他金融产品的投资管理服务的行为。

2. 资产管理业务的分类

经中国证监会批准，证券公司可以从事下列客户资产管理业务。

1）为单一客户办理定向资产管理业务

证券公司为单一客户办理定向资产管理业务，应当与客户签订定向资产管理合同，通过该客户的账户为客户提供资产管理服务。

2）为多个客户办理集合资产管理业务

证券公司为多个客户办理集合资产管理业务，应当设立集合资产管理计划，与客户签订集合资产管理合同，将客户资产交由具有客户交易结算资金法人存管业务资格的商业银行或者中国证监会认可的其他机构进行托管，通过专门账户为客户提供资产管理服务。

3）为客户办理特定目的的专项资产管理业务

证券公司为客户办理特定目的的专项资产管理业务，应当签订专项资产管理合同，针对客户的特殊要求和资产的具体情况，设定特定投资目标，通过专门账户为客户提供资产管理服务。证券公司可以通过设立综合性的集合资产管理计划办理专项资产管理业务。

三、证券公司融资

证券公司融资是指为拓宽证券公司的资金渠道，支持符合条件的证券公司公开发行股票或发行债券筹集资金的过程。通过完善债券公司质押贷款及进入银行间同业市场管理办法，制定债券公司收购兼并和债券承销业务贷款的审核标准，在健全风险控制机制的前提下，为证券公司使用贷款融通资金创造有利条件。

证券公司融资的方式包括增资扩股、银行间同业拆借、国债回购、股票质押贷款、发行金融债券。

（一）增资扩股

进行增资扩股主要有两种方式：一是在原有股东组成及持股比例不变的基础上增加原有股东的出资额；二是吸收新的股东进来，在增加资本金的同时股东持股比例格局也发生改变。

1999年5月24日，经中国证监会批复同意，湘财证券公司注册资本将从1亿元人民币增加到10亿元人民币，这是第一家通过增资审批的证券公司。之后，湖北证券有限责任公司、中信证券公司、长城证券公司也相继通过增资扩股审批。

（二）银行间同业拆借

证券公司可利用同业拆借市场融资。符合条件的证券公司可进入全国银行间同业拆借市场进行信用拆借融资，其拆借期限为1~7天，到期后不能展期。未成为拆借中心成员的证券公司只能与银行办理隔夜拆借，拆借资金余额上限为证券公司实收资本的100%。它是目前较具有可行性的融资渠道。

（三）国债回购

国债回购是当前证券公司融资的主要手段之一，未成为银行间拆借成员的证券公司只能在深圳、上海两家证券交易所内进行，期限也被限制在3天、7天、14天、28天、91天、182天等较短的期限内。经批准进入银行间拆借市场的证券公司还可选择在银行间同业拆借中心办理国债回购，但在拆借中心办理的期限不超过1年。

1999年9月，中国人民银行先后批准中信、国通、国信、湘财、大鹏、广发、光大7家证券公司和国泰等 10 家基金管理公司首批进入银行间同业拆借市场和债券回购市场。2000 年 1 月,中国人民银行又批准华泰、长城、兴业、中金、北京证券进入银行间同业市场,从事拆借、购买债券、债券回购和现券交易业务。

(四)股票质押贷款

《证券公司股票质押贷款管理办法》允许满足条件的综合类券商用手中所持绩优股票作质押,向商业银行进行为期 6 个月的贷款,规定的质押比率最高为 60%。

(五)发行金融债券

根据《公司法》规定,证券公司可通过审批后发行金融债券来筹资。

以上几种融资渠道的比较如表 3-1 所示。

表 3-1 证券公司融资渠道比对

融资渠道	期限	融资额度	优点	缺点
增资扩股	中长期	视具体情况	融资期限长,规模大,自有资本增加	审批较严,成本高
银行间同业拆借	短期最长 7 天	资金余额不得超过实收资本金的 100%	操作简单易行,快速、流动性强,成本低,月息不超过 0.4%	期限短,量有限
国债回购	3 天、7 天、14 天、28 天、91 天、182 天等较短的期限	资金余额不得超过实收资本金的 100%	快速、流动性强,市场较规范	利率波动较大,一般 5%,高峰期 10%～20%,资金量有限
股票质押贷款	6 个月短期	质押比率最高为 60%	操作简单	股市单边下行时面临强行平仓的巨大风险,时间较短
发行金融债券	中长期	视具体情况	融资期限长,融资规模大	审批严,操作十分困难,风险大

延伸阅读 3-4

国外证券公司融资渠道研究

美国大证券公司对资产负债率一般持这样的观点:没有必要人为订立一个资产负债率的安全线,最重要的是如何保持充分的流动性和较强的融资能力,以获得信誉评级机构(穆迪和标准普尔)的高信用评级。应该说,美国大证券公司高负债经营的成功有其高水平经营管理的一面,而更主要的是,美国大证券公司拥有许多可供使用的融资工具和便利的融资渠道。

(1)发行股票。证券公司自有资本的筹集主要靠向证券市场发行股票,包括不具投票权的优先股和有投票权的普通股。美国对证券公司增资扩股与其他类型公司一样,并无特别严格的限制。1997 年,美国排名前 10 位的大证券公司中,除了高盛公司和所罗门公司外,其余 8 家均为上市公司。

(2)发行债券。一种是抵押债券,即以土地、房屋等有形资产作抵押而发行。另一种是信誉债券,是以发债人的信誉为后盾而发行,没有任何形式的资产抵押。美国证券公司一般没有太大的固定资产但拥有良好的信誉,发行债券一般为信誉债券,也即无抵押债券。

(3)回购协议。它主要是债务人同债权人所签订的"借贷合同"。具体做法为:债权人买下证券公司的有价证券,并规定在一定时间内加上事先议定好的利息,将证券以同等或以高于卖价的价格买回,买卖的差价是证券公司应付的贷款利息。

(4) 向客户融券。向客户融券在美国是允许的。证券公司在沽空股票时由于自己并不拥有这只股票,只有向别的经纪人借入股票,以完成沽空的第一阶段抛售股票。在拆借时,证券公司一般在经纪人处支付押金,而沽空客户也要向证券公司支付保证金。

(5) 按日放款。按日放款是由商业银行向证券公司提供的短期贷款。证券公司一般用所拥有的短期政府债券或商业票据作抵押,向商业银行拆借,拆借期限由双方商订,但在合约中一定约定:如果商业银行临时需要增加它们的准备金,则有权向证券公司要求归还贷款,证券公司必须在接到还款通知后24小时内向其他商业银行寻求贷款,归还原有贷款。

(6) 商业票据。商业票据是一种有特定期限的、只售给机构投资人的、可在市场上流通的短期本票,它属于不记名簿记式证券,发行面值通常为10万美元。商业票据的期限可为几个月或更短些,但是平均期限一般为20~45天。商业票据通常按票面面值折价出售,其中折扣的部分是预付给投资人的票据到期后的利息。

(7) 无抵押信贷协议。无抵押信贷协议是指证券公司向银行或其他金融机构达成协议:如果某一时期证券公司需要资金,有权在信贷额中支取,而不必再向债权人重新申请。这种信贷额使证券公司在资金周转出现暂时困难时,可作为临时应急措施。国外证券公司一般同全世界许多银行、金融机构及同行都保持良好的借贷关系,获得无抵押信贷。

习 题

单项选择题

1. ( )以包销或代销形式帮助发行人发售证券的机构。
   A. 证券经纪商　　　　　　　　B. 证券自营商
   C. 证券运营商　　　　　　　　D. 证券承销商

2. ( )即综合型证券公司,除了证券经纪公司的权限外,还可以自行买卖证券的证券机构。
   A. 证券经纪商　　　　　　　　B. 证券自营商
   C. 证券运营商　　　　　　　　D. 证券承销商

3. ( )即证券经纪公司。
   A. 证券经纪商　　　　　　　　B. 证券自营商
   C. 证券运营商　　　　　　　　D. 证券承销商

第四节　保险公司投资与融资

一、保险公司融资

保险公司融资是为其进行投资提供资金来源,保险公司的资金来源主要有权益资金、各项准备金及其他资金。

(一) 权益资产

1. 资本金

资本金是指保险公司开业时的自有资本金。资本金是保险业务经营和保证保险公司偿付能力的重要物质条件。我国相关法律、法规中明确规定,保险公司必须具备一定的开业资本金;同时规定,保险公司应将现金资本的20%作为保证金缴存保险监管部门指定的银行。所以,资本金在扣除20%的保证金,扣除购置保险公司资产、正常运作、支付赔款和给付所需资金之外,其余部分即成为保险公司可以运用的资金。保险公司的资本金是保险公司经营的物质条件,并不是保险公司投资的主要资金来源。

2. 资本公积

资本公积主要包括资本溢价或股票溢价、法定财产重估增值、资本折算差额、接受捐赠等。

(1) 资本溢价或股票溢价。资本溢价是指新投资者缴付的出资额大于按其投资比例计算的出资额的差额部分。股票溢价是指保险股份有限公司的股票发行价格高于股票面值的部分。

(2) 法定财产重估增值。保险公司的各项财产物资应按取得时的实际成本计价,物价变动时一般不得调整财产物资的账面价值。在保险公司进行股份制改造;保险公司兼并、合并、改组、拍卖;国家统一组织的清产核资等情况下,保险公司应对财产进行重估,增值部分作为资本公积处理。

(3) 资本折算差额。保险公司在筹集资本的过程中,收到的投资者出资如果是外币的,应折合为记账本位币金额入账。按有关规定,保险公司收到的外币出资,其资产账户应当按当日的市场汇率折合,而资本账户所采用的折合汇率则往往不一致,要根据具体情况而定。资本折算差额是资产账户与实收资本账户因各自采用的外币折合率不同而产生的记账本位币差额。

(4) 接受捐赠。保险公司接受捐赠是赠方出于各种考虑给予保险公司的一种无偿赠与,它是保险公司投资者的共有财产。

与资本金一样,资本公积是保险公司投资资金来源的一个组成部分,但不是主要来源。

3. 留存收益

保险公司的留存收益包括盈余公积、总准备金和未分配利润,是保险公司投资的主要资金来源。

(1) 盈余公积是指保险公司按照规定从净利润中提取的积累资金。盈余公积包括法定盈余公积和任意盈余公积。

(2) 为了防范可能出现的经营风险,保险公司在提足各项准备金的基础上,在向投资者分配利润之前,经保险公司的董事会或主管财政机关批准,按一定比例从税后利润中提取总准备金,用于因特大灾害而发生的赔款等。

(3) 未分配利润是指未作分配的净利润。保险公司实现的净利润,一部分以利润的形式分配给投资者,另一部分留在保险公司。未分配利润是尚未指定用途的净利润部分。

(二) 准备金

准备金是保险公司为履行其承担的保险责任,备付未来的赔偿或给付责任,从所收到的保险费中提存的资金准备,是保险公司投资的主要来源之一。

1. 短期性准备金

短期性准备金主要包括:①未决赔款准备金;②未到期责任准备金。

2. 长期性准备金

长期性准备金主要包括:①长期责任准备金;②寿险责任准备金;③长期健康险责任准备金。

(三) 其他资金来源

在保险公司的经营过程中,还有可能存在其他可用于投资的资金来源,如结算中形成的短期负债,数额虽不大,且须在短期内归还,但还是可以作为一种补充性的资金来源。此外在一定时期内,因保费收入相对集中,而赔款支出断续发生,这部分因"时间差"而形成的资金存量在年终决算前也是一种资金来源。其他资金来源还有可能包括危险差益、附加差益、退保收益等在扣除应缴纳的税金之后的剩余部分。

二、保险公司投资

(一) 保险公司投资的目的

保险公司投资是保险公司为了保持自身的偿付能力,增强竞争力,在业务经营过程中,按相关法律、法规的要求运用积聚的各种保险资金,使其保值增值的活动。投资是保险公司经营活动的基本业务,也是保险公司资产配置的重要内容。

提供风险保障和开展保险业务是保险公司产生和存在的基础,投资则是保险公司发展的重要保证,出于保险业的特殊性,保险公司收取的保险费和给付的保险金在时间和数量上都存在着差异,使保险资金具有巨额性和存量性,为保险公司投资提供了可能。

保险公司投资管理是对保险公司投资活动各类载体的未来现金流、现金流的发生时间和现金流的不确定性进行估算和调节的行为,其目的是找出投资过程和投资活动载体价值之间的联系,增大或稳定现金流入量现值大于现金流出量现值的可能性。本章中保险公司投资管理的目标在逻辑上从属于保险公司财务管理的目标。

(二) 保险公司投资的原则

1. 安全性

安全性原则是保险投资的首要原则和最基本的要求。保险公司是一种商业性金融服务机构,这就决定了它的经营目标是追求利润最大化。但考虑到保险业的特点,即负债性、保障性、广泛性和技术性,出于维持社会稳定发展的目的,被保险人和保险人的合法权益必须得到保护。一般来说,在投资中利润水平和风险水平是同向变化的,利润最大化往往伴随着风险最大化,也就是安全最弱化。为防止保险公司过度追求利润最大化而形成风险,危害到被保险人和保险人自身的合法权益,保险公司在投资中应首先遵循安全性原则,先对投资项目、投资环境等进行全面分析,保证保险资金能够按预期收回,而不能盲目投入。

2. 收益性

保险公司投资当然是为了获得收益。投资项目未来现金流入量的现值大于未来现金流出量的现值即构成收益。在存在多种投资方式的条件下,保险投资可以追求不同的收益水平,并不需要让各种方式的投资都受制于安全性要求。保险投资应在总体上符合安全性要求的前提下,尽可能地提高投资收益水平。

3. 多样性

在投资组合中,随着被组合资产数量的增加,组合的风险在降低。被组合资产之间的相关性越小,组合降低风险的效用就越大。如果能够找到足够多的相关系数为零或为负的资产进行组合,组合的整体风险在理论上是可以降到零的,但这在现实中不可能,一个保险投资者能做的只能是坚持多样性原则。多样性原则包括下列两个方面的含义:一是保持保险资金投向的分散性,即不把所有的保险资金集中在一个行业、一个地区或一个项目中,而在多个项目、多个领域中分散投资,以降低相关性;二是保险资金运用方式的多样性,也就是运用多种载体进行投资。坚持多样性原则是坚持安全性原则和收益性原则的重要条件。

4. 流动性

流动性是指投资项目具有变现能力,保险公司在需要时可以抽回资金,用于满足现金流出量的要求。流动性作为保险投资的原则是由保险经营的特点决定的,对于短期性较强的财产保险更是如此。坚持流动性原则不是要求每一个投资项目都有高流动性,而是从可运用资金的性质出发,把长期性资金运用到流动性较弱的项目上去,把短期性资金运用在流动性较强的项目上,使投资结构合理,从而保证总体上的流动性。一般来说,变现能力较强的投资项目,其盈利性相对较低。但这也不是绝对的,随着组合投资工具的增多,流动性与盈利性的反向变动关系变得不明显了。

总而言之,在保险投资中收益性是目标,安全性是出发点,流动性是基础,多样性是手段。保险公司投资应先求资金保值,再求增值,坚持多样性原则以保证在具有一定程度流动性的基础上提高投资收益率。

(三) 保险公司投资的分类

1. 项目投资和金融资产投资

项目投资是指保险公司利用所拥有的保险资金,直接投资到生产、经营中去,或建立独资的非保险企业,或与其他公司合伙建立企业,从中获取投资收益的投资。项目投资建立的独立企业具有独立于保险公司之外的法人资格,其经济效益要受到市场环境的制约。项目投资作为保险公司的一种投资形式,在保险资金运用中有一定的地位。金融资产投资包括传统金融工具投资和衍生金融工具投资,是保险公司投资的主要类型。

2. 短期投资和长期投资

短期投资是指能够随时变现并且持有时间不准备超过1年的投资。保险公司进行短期投资在很大程度上是为了何时运用剩余资金,并期望通过这种投资取得高于银行存款利息的利息收入或价差收入,在需要现金时即可将其变现。例如,保险公司购买可以随时兑换或上市交易的债券,从一级市场或二级市场购入上市交易的各种基金等。

长期投资是指短期投资之外的投资。保险公司进行长期投资在很大程度上是为了积累整笔资金,以供特定用途之需,也有可能是为了控制其他单位或对其他单位实施重大影响,或是出于其他性质的目的而进行此类投资。

(四) 保险公司投资的内容

现行法律法规下我国保险公司的投资渠道主要包括银行存款、债券投资和基金投资、贷款、资金拆借、证券回购。

1. 银行存款

我国保险公司在银行存款时必须开立基本存款账户，也可以根据需要开立一般存款账户、临时存款账户和专用存款账户。保险公司可以根据自身需要将资金存入国有商业银行或其他股份制商业银行。目前中国保险监督管理委员会禁止保险公司在信用社、信托投资公司、证券机构等非银行金融机构或其他机构存款。

2. 债券投资和基金投资

我国保险公司的债券投资包括短期债券投资和长期债券投资，对象可以是政府债券也可以是金融债券。保险公司基金投资应归于短期投资进行核算。保险公司购入投资基金时按实际支付的价款确认前期投资价值，如果实际支付的价款中包含了已宣告发放但尚未领取的现金股利，则应以扣除这一部分的实际支付价款确认短期投资价值。保险公司出售投资基金时按实际收到的金额减去短期投资的实际成本确认投资收益。

3. 贷款

为了保障被保险人的利益和保险公司的稳健经营，按《中华人民共和国保险法》及有关规定对保险公司资金运用的要求，我国保险公司目前能开展的贷款业务只能是保户质押贷款。保险公司不能发放除保户质押贷款以外的其他贷款。

保户质押贷款是以保户的保险单为质押品所发放的贷款。人寿保险业务中的多数险种具有储蓄性，保单经过一定时期后会积累一定量的现金价值，投保人在出现临时性的经济困难时可以持保险单、收费单据等向保险公司申请保单贷款，贷款金额以不超过保单当时现金价值的一定比例为限。由于保户质押贷款的金额在相应保单的现金价值之内，这类贷款一般能够按时收回，基本上没有风险。保险公司向保户提供的保户质押贷款期限一般较短，应记为保险公司流动资产的一项。

4. 资金拆借

在我国现行法律法规下，资金多余的保险公司可以通过同业拆借市场将多余头寸拆放出去，赚取利息收入。出于资金拆出业务主要以短期资金融通为主，7天以下的拆出特别是隔夜拆出占的比重较大，所以拆出的资金应作为保险公司的一项流动资产核算。资金拆出的利息收入金额不大，保险公司不必按期确认利息收入，可以在实际收到拆出资金利息时确认。

5. 证券回购

我国保险公司可以从事证券回购业务，即在银行间同业市场办理中国人民银行批准交易的国债、中央银行融资债券、政策性银行金融债券等债券回购的经济活动。证券回购包括买入返售证券和卖出回购证券。买入返售是指保险公司与全国银行间同业市场其他成员以合同或协议的方式，按一定的价格买入证券，至到期日再按合同或协议规定的价格卖出该批证券，以获取买入价与卖出价之间的价差收入的行为。卖出回购是指保险公司与全国银行间同业市场其他成员以合同或协议的方式，按一定的价格卖出证券，至到期日再按合同或协议规定的价格买回该批证券，以获得一定时期内资金使用权的行为。

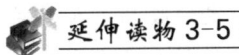
延伸读物 3-5

各国保险投资渠道比较

一、美国

美国的保险立法权掌握在各州,不同州对保险公司监管的内容有所差别。在保险投资方面,各州对投资渠道的限制基本相同,大致包括银行存款、债券、股票、贷款、不动产等,只是在具体操作上略有差异。

(一)银行存款

由于银行存款风险较小,美国各州对此项投资一般不加以限制,只要求保险公司存入同一银行或同一信托公司的资金不超过一定比例。

(二)债券

各州对保险公司投资债券有不同规定,现以纽约州、路易斯安那州和得克萨斯州为例说明。

1. 纽约州

人寿保险公司投资的公司债券必须是由依法设立并且有完全清偿能力的公司发行、担保的债券,而且该公司从未有过延迟支付债券本息的记录。如果是固定收益的担保债券,必须在投资前3至5年,其中3年中每1年,包括投资行为发生前最近2年的任何1年,其盈余净值不能少于固定费用的125%,且担保必须充分。债券本身必须具备有投资性质,不含明显的投机因素。如果是固定收益的无担保债券,则要求发行或担保公司在投资行为发生前5年,每年的市场盈余净值不少于固定费用的150%,在投资行为发生前最近2年,每年的平均净利也不应少于固定费用的150%。人寿保险公司对同一公司债券的投资不能超过其认可资产的5%。人寿保险投资于抵押贷款公司,债务必须经保险监督官同意,对同一抵押贷款公司债券的投资不能超过其认可资产的0.1%,对抵押贷款公司债券的总投资额不能超过其认可资产的0.5%。

2. 路易斯安那州

保险公司如果投资公共事业公司债券,对同一公司债券的投资不应超过其认可资产的2%,对公用事业公司债券的投资总额不得超过认可资产的33.33%。

3. 得克萨斯州

人寿保险公司购买的公债总额不应超过其认可资产寿险业务部分的5%。人寿保险公司如果投资其他公司债券,对同一公司债券的投资不应超过其认可资产的1%,对其他公司债券的投资总额不应超过认可资产的5%。

(三)股票

股票投资风险较大,早期的各州保险法均严格禁止保险公司投资普通股。20世纪50年代以后,各州才陆续允许保险公司投资普通股,但均加以严格限制和要求。以纽约州和路易斯安那州为例说明。

1. 纽约州

人寿保险公司所投资的普通股的发行者除必须按《证券交易法》的规定注册登记之外,

在投资行为发生前10年间,其盈余净利应足以对全部的股份按年分配一定的股利。人寿保险公司对同一企业普通股的投资额不应超过其认可资产的1%,也不应超过该企业发生的股票总额的5%。

2. 路易斯安那州

人寿保险公司所投资的普通股的发行者必须按《证券交易法》的规定注册登记,在投资行为发生前5年间的任意3年,每年分配的股息不少于股票面额的20%,人寿保险公司对同一企业普通股的投资额不应超过其认可资产的5%。由于优先股的投资风险相对较小,各州对保险公司投资优先股的限制比对投资普通股的限制要少一些。例如,纽约州保险法规定:在投资行为发生前5年保险公司投资的优先股的发行者,每年的平均净利润应超过固定费用的150%,且在投资行为发生前2年中任意1年的净利不低于固定费用或有利润和该年度优先股固定股息的150%;人寿保险公司对同一企业优先股的投资额不应超过该企业发行股票总额的20%,或保险公司自身认可资产的2%。

(四)贷款

保险公司发放的贷款多为抵押贷款,也存在其他担保形式的贷款。抵押货款主要有不动产抵押贷款,有价证券抵押货款和保单抵押货款。对有价证券和保单抵押货款的限制因其安全性较高而较小。保险公司在发放不动产抵押货款时可能会出现一个不动产抵押物上设定有多个担保物权的情况,影响保险公司的权利行使。纽约州保险法规定:①不动产抵押贷款的担保必须是不动产第一顺序抵押;②作为抵押物的不动产在物权上未受限制;③贷款额不得超过不动产价值的2/3。

(五)不动产

不动产投资有风险大、周期长的特点,各州曾一度禁止保险公司投资不动产,但在20世纪40年代又允许保险公司从事房地产经营。美国保险公司对不动产的投资包括两部分:一是出于营业需要或其他原因而取得不动产,包括办公楼、实行抵押权或受领债务清偿而取得的不动产等,各州对此均无限制;二是为了取得投资收益而进行的不动产投资,如投资于房地产开发、土地开发等,对于这类不动产投资,各州保险法都有一定的限制。如纽约州保险法规定,保险公司对同一个土地项目的投资,包括改良费和开发费在内,不得超过其资产的1%;对于土地项目的总投资,包括改良费和开发费在内,不得超过资产的10%。

二、英国

英国与其他国家不同,除了在很严格规定的情况下,保险法规中并不明确地标明某一类型的投资在保险企业资产中应占的比例,只是通过《1994年保险公司条例》中关于货币匹配、本土化和资产估值等的规定实行一定的总额控制。例如其中第27节规定,如果保险公司以一种货币表现的负债超其负债总额的5%,保险公司必须持有足够的表现为这一币种的资产,数额不应少于流通中此类负债数额的80%。

《1982年保险公司法》第二部分第39节和第40节规定:如果出现下列情况之一,保险公司不能进行某种类型的投资,或不能进行部分或全部类型的特别投资:

(1)债务报告与要求不符。

(2)债务报告表明无法支付保证基金。

(3)保险公司不能按期偿付负债。

(4) 人寿保险公司不能负担人寿保险单的责任。

三、德国

德国保险企业可投资于下列范围：

(1) 欧盟成员国中的房地产、船只（包括在建船只）或类似项目的抵押贷款。

(2) 在欧盟成员国发行的不记名证券，这些债券必须是欧盟成员国所认可的，能在证券交易所或其他对公众开放的经认可和管理有序的市场进行交易的不记名债券。

(3) 在欧盟成员国发行的抵押债券、市政债券及其他记名债券或不记名债券。

(4) 非欧盟成员国发行的债券，仅限于已被认可，可以在欧盟成员国的证券交易市场或其他公开交易市场上进行交易的债券。

(5) 已在德意志联邦共和国政府、联邦州政府或另一个欧盟成员国登记的债券。

(6) 由欧盟成员国认可的，可在欧盟成员国股票交易所进行买卖的付清股票和附属贷款，但总额不能超过被投资公司名义资本的10%。除了此类付清股票和附属贷款之外，保险公司还可以投资有限责任公司和合作有限公司，前提是所投资的公司已在欧盟注册，作为投资方的保险公司对所投资的公司经审计的业务状况有全面的了解。

(7) 以保证金或债券作为附属抵押的贷款，总额不应超过保险企业资产的15%。

(8) 对德国政府、联邦州、地方政府的机构和团体、其他欧盟成员国或其地区和地方政府、德意志联邦共和国作为成员之一的国际组织发放贷款。

(9) 欧盟成员国内的现房或在建房地产，前提是作为投资方的保险公司已通过公估机构对房地产价格的正常水平作了检验，而且其出售价格中不包括抵押贷款的价格；由总部设在欧盟一个成员国内的投资公司管理的房地产特别基金组合或含有土地所有权的特别基金组合。保险企业对房地产的投资应使用房地产所在国家的币种，对股票或参股形式的投资应使用被官方认可，可以在交易所进行交易的币种。

(10) 保险企业对有限制资产的投资必须有一定的组合，对各组成部分在组合中所占比例有一定的限制。保险企业以股份、参股或股份加参股的特别基金的形式进行的投资不应超过组合总额的30%；房地产或房地产权益投资不应超过投资总额的25%；不计名债券投资不应超过投资总额的2.5%。

(11) 保险公司购买的同一公司债券不应超过其总投资额的5%；对同一借贷机构的投资不应超过有限资产总额的30%；对欧盟成员国之外的国家的投资不应超过有限资产总额的5%~25%（具体比例视具体情况而定）。

四、日本

日本保险公司的投资渠道主要有有价证券、房地产、货币债权、黄金、货币贷款、有价证券抵押贷款、银行存款或邮政存款、货币和货币债权信托、有价证券信托、房地产信托、有价证券指数等期货交易。保险公司的各类投资不应超过以下限额：

(1) 国内股票，保险公司资产总额的30%。

(2) 不动产，保险公司资产总额的20%。

(3) 外汇计价资产，保险公司资产总额的30%。

(4) 债券、贷款及有价证券贷款（指金融监督厅长官及大藏大臣指定的下述债券、贷款及有价证券贷款：政府指定的信用评级公司未给予评级的非抵押债券、政府指定的信用评级公司未给予评级的非上市公司发放的贷款及无抵押有价证券等),保险公司资产总额的10%。

(5) 除购买有价证券、购买不动产、购买货币债权、购买黄金、货币贷款、有价证券贷款、银行存款或邮政存款、货币和货币债权信托、有价证券信托、房地产信托之外的投资,保险公司总资产的10%。

(6) 以下四类投资总额不应超过保险公司总资产的10%(其中贷款部分不应超过总资产的3%):同一公司发行的股票、债券及以此为抵押的贷款;对同一主体发放的贷款及有价证券贷款;存放在同一主体的存款;被同一主体接收的信托资产。

习　题

单项选择题

1. 保险公司进行证券投资主要是考虑(　　)。
   A. 本金安全和收益率　　　　　　B. 流动性和分散风险
   C. 投资和融资　　　　　　　　　D. 调剂资金余缺

2. (　　)是保险公司为履行其承担的保险责任,备付未来的赔偿或给付责任,从所收到的保险费中提存的资金准备,是保险公司投资的主要来源之一。
   A. 本金　　　　　　　　　　　　B. 准备金
   C. 资本金　　　　　　　　　　　D. 资金

3. 保险公司应将现金资本的(　　)作为保证金缴存保险监管部门指定的银行。
   A. 10%　　　　　　　　　　　　B. 20%
   C. 30%　　　　　　　　　　　　D. 40%

第四章 投资与融资客体

1. 了解投资与融资客体的具体分类。
2. 学会分析以实物资产、无形资产、金融资产为代表的投资与融资客体的定义和概念。

投资与融资客体是指投资与融资主体在资金融通中的投资与融资对象,是一定的投资与融资主体在投资与融资行为赖以运行的物质载体和价值承担者。投资与融资对象都具有价值性和增值性,这两方面的共同特征决定了实物资产、无形资产、金融资产等不同形态的资产都属于投资与融资客体。

第一节 实物资产

一、实物资产概论

实物资产是指人们在经济活动中创造的用于生产物品和提供服务的资产。实物资产是能够创造财富和收入的资产。它可以为经济活动创造净利润。

实物资产一般包括土地、建筑物、创造产品和服务的知识、用于生产产品的机械设备和运用这些资源必需的有技术的工人。

从企业会计角度来看,实物资产主要包括存货和固定资产。

(一) 存货

存货一般包括库存材料、成品以及生产中的半成品。《企业会计准则第 1 号——存货》规定:"存货,是指企业在日常活动中持有以备出售的产成品或商品、处在生产过程中的在产品、在生产过程或提供劳务过程中耗用的材料和物料等。"

存货的认定有两个条件:①是与该存货有关的经济利益很可能流入企业。②该存货的成本能够可靠地计量。

需要同时满足这两个条件,企业才能予以确认存货。

存货相对服务行业来说,重要性可能并不很大。但是对于工业或农林牧副渔类的企业来说,存货对于资产负债表的资产总额影响颇大。因为资产等于负债和所有者权益之和,在负债不变的前提下,属于资产的存货增加,会导致所有者权益的未分配利润增加,进而影响大家对这个公司实际经营情况的判断;反之,存货的减少,也会导致未分配利润减少。

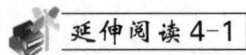

獐子岛"扇贝大逃亡"事件

2014年10月,A股上市公司獐子岛(股票代码:002069)披露的三季报称,因北黄海遭遇异常的冷水团,公司在2011年和部分2012年播撒的100多万亩即将进入收获期的虾夷扇贝绝收。受此影响,公司前三季业绩由上半年的盈利4845万元转而变为亏损约8.12亿元。由于连续2年亏损,公司被实施退市风险警示,戴帽成"ST獐子岛"。

消息一出,市场哗然。这第一次的"扇贝大逃亡",被誉为2014年A股市场上最大的一起"黑天鹅事件"。

之所以有如此大的影响,是因为虾夷扇贝属于獐子岛的存货,由于存货的减少,导致利润大幅度减少。

针对市场质疑,中国证监会组织,由大连证监局牵头,广东、山东、湖南、云南证监局和深圳交易所派员参加,成立20余人的专项核查组,于2014年11月10日至11月27日对獐子岛进行了现场核查。

核查人员访谈了主要苗种供应商及公司有关岗位一线员工;调取了苗种采购、销售合同及苗种采购、验收、底播、抽测盘点等各环节的原始工作记录,查阅了有关明细账、发票、收付款凭证等单据,取得了主要银行账户资金流水;对獐子岛、大股东长海县獐子岛投资发展中心及其下属子公司的财务资料进行了比对分析,对银行资金流水进行了核对和追查,核实了资金的来源和去向。

核查结果是,并未发现獐子岛于2011年虾夷扇贝苗种采购、底播过程中存在虚假行为;未发现大股东长海县獐子岛投资发展中心存在占用上市公司资金行为;獐子岛存在决策程序、信息披露以及财务核算不规范等问题。

在大量质疑面前,獐子岛虽涉险过关,但或为"平息民愤",公司还是出台一系列措施对冲利空,其中包括董事长自掏1亿元补偿上市公司、总裁办成员集体降薪并增持股票、员工持股计划等。

资料来源:中国经济网。

保持适度合适的存货数量,是企业经营者,特别是制造业和商业企业经营者经常面临的投资决策。存货投资包括企业持有的原材料、零部件、最终物品库存的所有变动。由于存货具有极强的易变性,容易造成一定程度的波动,对经济周期的影响也较大,所以存货投资是一项变化性很大的投资支出形式。

(二)固定资产

固定资产一般包括房屋、建筑物、机器、机械、运输工具以及其他与生产经营活动有关的设备、器具、工具等。《企业会计准则第4号——固定资产》规定:"固定资产,是指同时具有下列特征的有形资产:①为生产商品、提供劳务、出租或经营管理而持有的;②使用寿命超过一个会计年度。"其中,使用寿命是指企业使用固定资产的预计期间,或者该固定资产所能生产产品或提供劳务的数量。

与存货一样,固定资产也应同时满足两个条件的,才能予以确认:①与该固定资产有关的经济利益很可能流入企业;②该固定资产的成本能够可靠地计量。

固定资产投资是企业较为常见的投资方式。它是以货币形式表现的,反映企业在一定时期内建造和购置固定资产的工作量以及与此有关的费用变化情况的投资。

固定资产投资具有:投资数额多、变现能力弱、发生频率低、回收时间长等特点。这些特点决定了其投资决策将影响企业未来的经营和产品的性质。

固定资产投资在国家经济发展中,也起到非常关键的作用。全社会固定资产投资也称全社会固定资产投资完成额,是我国现行投资统计制度中的一个核心指标。所谓全社会固定资产投资,是指以货币形式表现的在一定时期内全社会建造和购置固定资产的工作量以及与此有关费用的总称。该指标是反映固定资产投资规模、结构和发展速度的综合性指标。全社会固定资产投资按登记注册类型可分为国有、集体、联营、股份制、私营和个体、港澳台商、外商、其他等。

固定资产投资按隶属关系分中央固定资产投资、地方固定资产投资;按管理渠道可分为基本建设、更新改造、房地产开发投资和其他固定资产投资;按建设性质分,可分为固定资产新建、扩建、改建和技术改造;按构成分,可分为建筑工程、安装工程、设备工器具购置和其他费用。

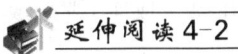
延伸阅读 4-2

凯雷投资集团的实物资产投资

凯雷投资集团(以下简称"凯雷")是一家全球性投资公司,资产管理规模为 2 240 亿美元,拥有 374 个投资基金。凯雷于 1987 年在美国华盛顿特区创立,目前已发展成为世界最大且最成功的投资公司之一,拥有 1 775 多位专业人员,在北美、南美、欧洲、中东、非洲、亚洲及澳大利亚设有 32 个办事处。

凯雷董事总经理兼美国房地产投资主管罗伯特·斯塔基(Robert Stuckey)说:"我们的实物资产业务投资覆盖全世界,包括房地产、能源生产、发电等一系列有形资产。"

凯雷的实物资产部门由全球房地产、基础设施和能源及自然资源平台组成,资产管理规模达 430 亿美元。凯雷的投资机会繁多,其所有的实物资产的基金给投资者配置投资提供各种选择。

凯雷的房地产投资专业人员已在全球各地 397 座城市达成 850 多项投资,投资标的包括写字楼、酒店、零售和居住地产、工业地产和养老设施。截至 2019 年 12 月 31 日,凯雷的房地产基金资产管理规模为 180 亿美元。

凯雷的能源和自然资源的投资集中在全球中游、上游、电力和油田服务及可再生能源部门的并购、增长资本投资和战略合资项目。截至 2019 年 12 月 31 日,透过凯雷的投资以及与 NGP 能源资本管理公司的战略合作和与瑞通集团(Riverstone Holdings)的合作,凯雷的能源和自然资源基金资产管理规模达 250 亿美元。

凯雷自然资源平台有四个主要组成部分:

NGP 能源资本管理公司:凯雷美国能源投资业务的基础,总部在美国达拉斯,近期投资 53.25 亿美元的第六期 NGP 基金,资产管理规模达 114 亿美元。

凯雷国际能源:投资除美国和加拿大之外全球能源项目,资产管理规模 67 亿美元。

Carlyle Power Partners：主要在北美投资发电和相关资产，资产管理规模21亿美元。

Legacy Energy：凯雷与瑞通集团合作管理三支共计26亿美元的能源基金，投资于各种勘探、生产和可再生能源资产。

可再生和可持续能源：在全球投资可再生和可持续的能源的项目。

资料来源：https://www.carlyle.com/zh-hans/our-business/real-assets。

二、实物资产评估

实物资产评估是指对能够创造财富和收入的实物资产进行评估，以确定其现实价值，为企业投资、交易、偿债、抵押、担保等经济行为，提供科学、客观、公正的价值认定。通常情况下，实物资产评估应委托专业机构和人员，按照国家法律、法规和资产评估准则进行。

企业实物资产主要是存货和固定资产，其评估净值是企业清产核资过程中对其全面评审的增值与减值。从账务处理来看，增减实物资产会同时增减所有者权益，会在企业发展中直接影响企业盈亏，也会影响国家与企业的利益分配。

我们以一例存货评估举例：假设某公司当年总成本为 3 500 万元，利润为 400 万元。

经对存货进行资产评估后发现，存货增值 500 万元，存货当年耗完并摊入成本，则总成本调整为 4 000 万元，利润调整为 −100 万元，成为亏损。

所以，实物资产评估在企业发展中具有非常重要的作用。

(一) 实物资产评估的方法

实物资产评估的方法主要有如下三种。

1. 收益现值法

其评估价值的计算公式为：

$$评估价值 = \sum_{t=1}^{n} \frac{P_t}{(1+i)^t}$$

式中：P_t 表示实物资产第 t 年的实际或预期收益额；i 表示未来第 t 年在数额上相当于本金化利率的贴现率；n 表示剩余经济寿命期间的年数。

2. 重置成本法

重置成本法是指重新制造或在现行市场上重新购置全新状态下的实物资产的全部费用，减去该实物资产在使用过程中的各项贬值额。其评估价值的计算公式为：

$$评估价值 = 重置成本 - 实体性贬值 - 功能性贬值 - 经济性贬值$$

3. 现行市价法

现行市价法是指通过市场调查，选择一个或几个与评估的实物资产相同或基本类似的资产作为比较对象，分析比较对象的功能差异、技术差异、价格差异等，进行对比调整，估算出实物资产价值的方法。其评估价值的计算公式为：

$$评估价值 = 参照物的现行市价 \pm 评估对象与参照物比较的差异金额$$

(二) 实物资产评估的分类

实物资产评估根据实物资产的分类，可以分为存货评估和固定资产评估。

1. 存货评估

存货评估可以分为材料的评估、低值易耗品的评估、在产品的评估以及产成品的评估。

(1) 材料的评估。如遇近期购入的材料,由于入库时间较短,在市场价格稳定的情况下,其账面价值接近购入成本,与市场价格的差异不大,可以采用历史成本法进行评估。

如遇已购入一段时间、价格变化较大的材料。由于市场价格波动较大,已远远偏离其购入成本,企业可以采用接近市场价格的材料价格进行评估,或直接以市场价格进行评估。

如遇购进时间较早,市场已经没有此类商品,没有确切的市场价格可以参照。我们或可用替代品的现行价格进行修正后进行评估,或可用同类商品的平均物价指数修正材料进价的评估方法。或可根据市场价格趋势,修正材料进价进行评估。

如遇积压材料,长期储存在仓库中,价值有所下降。对这类实物资产的评估,首先要对其质量进行鉴定,其次根据不同情况扣除相应的贬值额,确定评估值。其评估一般要在历史成本基础上,进行适当调整。

(2) 低值易耗品的评估。如遇在库低值易耗品,一般采用和库存材料评估相同的方法。

如遇在用低值易耗品评估,其评估一般采用类似固定资产的评估方法,主要采用重置成本法。

(3) 在产品的评估。如遇数量少、生产周期较短,企业成本核算资料齐全的在产品,可采用历史成本法进行评估,也就是以账面值作为评估依据,并可适当调整。

如遇数量多、生产周期(在半年以上或1年以上)仍在继续生产、金额大、销售有盈利的在产品进行评估,就需要根据技术鉴定和质量检测结果,按现行市价重置同类在产品、自制半成品所需投入的合理的料工费计算评估值。其评估主要可以采用重置成本法和现行市价法。

(4) 产成品的评估。产成品是存放在企业仓库中尚未出售的部分,只有通过市场销售,才能实现其价值。其评估一般主要采用重置成本法和现行市价法。

2. 固定资产评估

固定资产评估可以分为机器设备的评估、建筑物与在建项目的评估、土地使用权的评估。

(1) 机器设备的评估。机器设备可单独评估,也可与企业其他资产一并评估。

如遇未进价设备、已摊销完毕的设备、租入租出设备、建筑附属设备以及资产发生使用情况,其评估一般采取重置成本法。

如遇相关机器设备的二手交易市场有较多交易实例时,其评估也可采用现行市价法进行评估。

如遇可用于独立经营并获利的机器设备,其评估则可采用收益现值法进行评估。

如对外购机器设备进行评估时,其评估需考虑设备自身购置价格、运输费用、安装调试费用、进口设备关税、大型机器设备一定期限内的资金成本以及其他合理费用,如手续费、牌照费、验车费等项目。

如对自制机器设备进行评估时,其评估需考虑制造费用、安装调试费用、大型自制机器设备的合理资金成本、合理利润以及其他必要、合理费用等项目。

如遇进口机器设备,若能在国内找到替代品,其评估应当参考该替代品在评估基准日的市场价格进行评估。

由于功能性或实体性原因,固定资产报废的,资产评估价值为零。

（2）建筑物与在建项目的评估。建筑物与在建项目的评估一般采取重置价值法。在正常情况下,按照评估基准日重新购置该建筑物或在建项目所需要的全部费用。全部费用包括直接费用、需计算的间接费用、其他费用、资金成本等。建设过程中必然发生的设备、物资、资金等消耗,纳入评估范围。

（3）土地使用权的评估。土地使用权可以和地上建筑物一起作为房地产进行评估,也可以随企业整体一并评估。土地使用权的评估可采用现行市价法、收益现值法以及重置成本法。如果存在着比较发达的土地使用权交易市场,其评估可以首先采用现行市价法,其次根据市场交易惯例进行调整,得出评估值;否则,可以采用收益现值法,根据土地使用权的预期收益的折现值确定评估值。两种方法都不适合采用时,其评估可以采用重置成本法,也就是根据取得现有土地使用权所需发生的全部费用。

延伸阅读 4-3

资产评估执业准则——资产评估程序

第一章 总 则

第一条 为规范资产评估机构及其资产评估专业人员履行资产评估程序行为,保护资产评估当事人合法权益和公共利益,根据《资产评估基本准则》制定本准则。

第二条 本准则所称资产评估程序,是指执行资产评估业务所履行的系统性工作步骤。

第三条 执行资产评估业务,应当遵守本准则。

第二章 基本遵循

第四条 执行资产评估业务,应当遵守法律、行政法规和资产评估准则,坚持独立、客观、公正的原则,履行适当的资产评估程序。

第五条 资产评估基本程序包括:明确业务基本事项;订立业务委托合同;编制资产评估计划;进行评估现场调查;收集整理评估资料;评定估算形成结论;编制出具评估报告;整理归集评估档案。

资产评估机构及其资产评估专业人员应当根据资产评估业务的具体情况以及重要性原则确定所履行各基本程序的繁简程度。

资产评估机构及其资产评估专业人员不得随意减少资产评估基本程序。

第六条 执行资产评估业务,因法律法规规定、客观条件限制,无法或者不能完全履行资产评估基本程序,经采取措施弥补程序缺失,且未对评估结论产生重大影响时,资产评估机构及其资产评估专业人员可以继续开展业务,对评估结论产生重大影响或者无法判断其影响程度的,不得出具资产评估报告。

第七条 资产评估专业人员应当记录评估程序履行情况,形成工作底稿。

第三章 实施要求

第八条 资产评估机构受理资产评估业务前,应当明确下列资产评估业务基本事项:

（一）委托人、产权持有人和委托人以外的其他资产评估报告使用人;

(二)评估目的;

(三)评估对象和评估范围;

(四)价值类型;

(五)评估基准日;

(六)资产评估项目所涉及的需要批准的经济行为的审批情况;

(七)资产评估报告使用范围;

(八)资产评估报告提交期限及方式;

(九)评估服务费及支付方式;

(十)委托人、其他相关当事人与资产评估机构及其资产评估专业人员工作配合和协助等需要明确的重要事项。

第九条 资产评估机构应当对专业能力、独立性和业务风险进行综合分析和评价。受理资产评估业务应当满足专业能力、独立性和业务风险控制要求,否则不得受理。

第十条 资产评估机构受理资产评估业务应当与委托人依法订立资产评估委托合同,约定资产评估机构和委托人权利、义务、违约责任和争议解决等内容。

第十一条 资产评估专业人员应当根据资产评估业务具体情况编制资产评估计划,并合理确定资产评估计划的繁简程度。资产评估计划包括资产评估业务实施的主要过程及时间进度、人员安排等。

第十二条 执行资产评估业务,应当对评估对象进行现场调查,获取评估业务需要的资料,了解评估对象现状,关注评估对象法律权属。

现场调查手段通常包括询问、访谈、核对、监盘、勘查等。

资产评估专业人员可以根据重要性原则采用逐项或者抽样的方式进行现场调查。

第十三条 资产评估专业人员应当根据资产评估业务具体情况收集资产评估业务需要的资料。包括:委托人或者其他相关当事人提供的涉及评估对象和评估范围等资料;从政府部门、各类专业机构以及市场等渠道获取的其他资料。

第十四条 资产评估专业人员应当要求委托人或者其他相关当事人提供涉及评估对象和评估范围的必要资料。

资产评估专业人员应当要求委托人或者其他相关当事人对其提供的资产评估明细表及其他重要资料进行确认,确认方式包括签字、盖章及法律允许的其他方式。

第十五条 资产评估专业人员应当依法对资产评估活动中使用的资料进行核查验证。核查验证的方式通常包括观察、询问、书面审查、实地调查、查询、函证、复核等。

第十六条 超出资产评估专业人员专业能力范畴的核查验证事项,资产评估机构应当委托或者要求委托人委托其他专业机构或者专家出具意见。

因法律法规规定、客观条件限制无法实施核查验证的事项,资产评估专业人员应当在工作底稿中予以说明,分析其对评估结论的影响程度,并在资产评估报告中予以披露。如果上述事项对评估结论产生重大影响或者无法判断其影响程度,资产评估机构不得出具资产评估报告。

第十七条 资产评估专业人员应当根据资产评估业务具体情况对收集的评估资料进行分析、归纳和整理,形成评定估算和编制资产评估报告的依据。

第十八条 资产评估专业人员应当根据评估目的、评估对象、价值类型、资料收集等情况,分析市场法、收益法和成本法三种资产评估基本方法的适用性,选择评估方法。

第十九条 资产评估专业人员应当根据所采用的评估方法,选取相应的公式和参数进行分析、计算和判断,形成测算结果。

第二十条 资产评估专业人员执行资产评估业务,应当合理使用评估假设,并在资产评估报告中披露评估假设。

第二十一条 资产评估专业人员应当对形成的测算结果进行综合分析,形成合理评估结论。

对同一评估对象采用多种评估方法时,应当对采用各种方法评估形成的测算结果进行分析比较,形成合理评估结论。

第二十二条 资产评估专业人员应当在评定、估算形成评估结论后,编制初步资产评估报告。

第二十三条 资产评估机构应当按照法律、行政法规、资产评估准则和资产评估机构内部质量控制制度,对初步资产评估报告进行内部审核。

第二十四条 资产评估机构出具资产评估报告前,在不影响对评估结论进行独立判断的前提下,可以与委托人或者委托人同意的其他相关当事人就资产评估报告有关内容进行沟通,对沟通情况进行独立分析,并决定是否对资产评估报告进行调整。

第二十五条 资产评估机构及其资产评估专业人员完成上述资产评估程序后,由资产评估机构出具并提交正式资产评估报告。

第二十六条 资产评估机构应当对工作底稿、资产评估报告及其他相关资料进行整理,形成资产评估档案。

第四章 附 则

第二十七条 本准则自 2019 年 1 月 1 日起施行。中国资产评估协会于 2017 年 9 月 8 日发布的《关于印发〈资产评估执业准则——资产评估程序〉的通知》(中评协〔2017〕31 号)中的《资产评估执业准则——资产评估程序》同时废止。

习 题

单项选择题

1. 以下不符合固定资产定义的是( )。
   A. 属于实物资产
   B. 以生产商品、提供劳务、出租或经营管理为目的
   C. 使用时间超过 1 年
   D. 未来经济利益具有很大的不确定性

2. 下列属于实物资产清查范围的是( )。
   A. 库存现金   B. 存货
   C. 银行存款   D. 应收账款

3. 明确资产评估业务基本事项后,决定是否承接业务,不需要对( )进行评价。
   A. 资产评估机构和评估专业人员的专业胜任能力
   B. 资产评估机构和评估专业人员的独立性
   C. 业务风险
   D. 业务收费

多项选择题

1. 下列各项中,属于实物资产的有( )。
   A. 原材料　　　　　　　　　　B. 低值易耗品
   C. 机器设备　　　　　　　　　D. 房屋建筑
   E. 知识产权

2. 下列各项中,应当作为企业存货核算的有( )。
   A. 委托其他方代销的商品
   B. 工程物资
   C. 房地产开发企业购入用于建造商品房的土地使用权
   D. 企业经过制造和修理完成验收入库的代制品和代修品

3. 下列关于存货的表述中,错误的有( )。
   A. 存货采购过程中发生的损耗,在发现当期直接计入当期损益
   B. 商品流通企业在采购商品过程中发生的运输费、装卸费、保险费以及其他可归属于存货采购成本的费用等,应当计入存货的采购成本,也可以先进行归集,期末再根据所购商品的存销情况进行分摊
   C. 存货的市场价值持续下跌,并且在可预见的将来无回升的希望,则表明该项存货的可变现净值为零
   D. 企业采购商品的进货费用金额无论大小,均计入商品的成本中

4. 实物资产评估的方法主要有( )。
   A. 收益现值法　　　　　　　　B. 重置成本法
   C. 现行市价法　　　　　　　　D. 残值法

5. 明确资产评估业务基本事项包括( )。
   A. 委托方和相关当事方基本状况
   B. 资产评估目的、对象、范围、基准日
   C. 资产评估报告使用范围
   D. 价值类型
   E. 评估当事人提供的承诺函

6. 评估机构洽谈人员应( )。
   A. 与委托人沟通,了解拟委托评估的评估对象和评估范围
   B. 根据对评估目的的理解,结合资产评估准则,选择恰当的价值类型
   C. 告知委托人拟设定哪种价值类型,具体定义是什么,其基于哪些可能存在的各种明显或隐含的假设及前提
   D. 与委托人就评估报告的使用范围加以明确

E. 对评估对象和评估范围予以界定,然后由项目执行人员了解评估对象的基本情况

判断题

在用重置成本法评估时,其评估值应从重置成本中扣减在使用过程中的各种陈旧性贬值。   (   )

第二节 无 形 资 产

一、无形资产概述

无形资产概念最早是由美国经济学家托尔斯·本德提出的。他指出:"企业无形资产是指不具备实物形态而能为企业提供某种权利或特权的各种资产。"

因为考虑到无形资产在生产经营过程中起着影响,有着放大或改变劳动对象的作用,有的国家则把无形资产成为无形固定资产。比如日本《财务报表规则》的总则和资产负债表第十四条规定:属于固定资产的资产分为有形固定资产、无形固定资产和对外投资及其他资产。

(一)无形资产的概念及其含义

目前,我国认为,无形资产是指企业拥有或者控制的没有实物形态的可辨认非货币性资产。

这个概念中有四层含义:

(1)拥有或者控制。也就是说,企业或者拥有其所有权,或者在某些情况下并不需要拥有其所有权,如果企业有权获得某些无形资产产生的未来经济利益,并能约束其他方获得这些经济利益,那么就表明该企业控制该无形资产。比如,客户关系、人力资源等,由于企业无法控制其带来的未来经济利益,所以不能将其确认为无形资产。

(2)没有实物形态。无形资产,如专利权、非专利技术、商标权等,均属于没有实物形态的资产。即使有些无形资产的存在有赖于实物载体,如计算机软件需要存储在介质中,但这并不改变无形资产本身不具有实物形态的特性。

在判断一项包含无形、有形要素的资产是属于实物资产,还是属于无形资产时,通常以哪个要素更重要作为判断的依据。比如,人工智能控制的机器人没有特定程序不能运行时,就说明该软件构成相关硬件不可缺少的组成部分,该软件应作为固定资产处理;如果计算机软件不是相关硬件不可缺少的组成部分,则该软件应作为无形资产处理。

(3)具有可辨认性。要作为无形资产进行核算,该资产必须是能够区别于其他资产可单独辨认的。满足下列条件之一的,应当认定为其具有可辨认性:

一是能够从企业中分离或者划分出来,并能单独或者与相关合同、资产或负债一起,用于出售、转移、授予许可、租赁或交换。

二是源自合同性权利或其他法定权利,无论这些权利是否可以从企业或其他权利和义务中转移或者分离。如一方通过与另一方签订特许权合同而获得的特许使用权,通过法律

程序申请获得的商标权、专利权等。

（4）属于非货币性资产。货币性资产是指企业持有的货币资金和将以固定或可确定的金额收取的资产以外的其他资产。无形资产在持有过程中，是否能为企业带来未来经济利益并不明确，不属于以固定或可确定的金额收取的资产，所以属于非货币性资产。

（二）无形资产的特征

无形资产的被认识，经历过一个漫长的历史过程。在人类历史的很长一段时间里，资产主要表现为"实物资产"形态，如农业时代的土地、房产、贵金属，工业时代的厂房设备、汽车、家电等。

随着工业经济的不断发展，社会经济复杂性不断上升，无形资产的概念开始出现，如企业品牌、知识产权、专有技术、客户关系等概念在经济发展中起到越来越重要的作用。

进入21世纪，知识经济蔚然成风，无形资产在企业的收益实现过程中发挥着关键作用。无形资产的管理也成为企业管理的重要内容。无形资产的积累被看作是维持企业竞争优势的根本，越来越多的企业开始加强无形资产的管理。

一个企业拥有多少无形资产，代表着经济实力和竞争能力。一个国家拥有多少无形资产，则代表着这个国家的综合实力。

现在，人工智能、物联网、工业互联网、虚拟现实、5G……我们周围的一切都在被无形资产改变着，未来还会有更大的突破。

《人类简史》的作者、耶路撒冷希伯来大学历史系教授尤瓦尔·赫拉利认为："在今天，经济的本质发生了改变，最重要的经济资产变成了科技和知识机构，这些都是无法通过战争来掠夺的。"

相较于实物资产，人们对无形资产的认识是有一个过程的。目前，根据《企业会计准则第6号——无形资产》的规定，如果资产满足两个条件其中的一条，即认为符合无形资产定义中的可辨认性标准：

第一条标准是，能够从企业中分离或者划分出来，并能单独或者与相关合同、资产或负债一起，用于出售、转移、授予许可、租赁或者交换。

第二条标准是，源自合同性权利或其他法定权利，无论这些权利是否可以从企业或其他权利和义务中转移或者分离。

无形资产在确认时，需要同时满足两个条件，才能予以确认：其一，与该无形资产有关的经济利益很可能流入企业；其二，该无形资产的成本能够可靠地计量。

《企业会计准则第6号——无形资产》第十一条规定："企业自创商誉以及内部产生的品牌、报刊名等，不应确认为无形资产。"因为，企业自创商誉通常是和企业整体价值联系在一起的，它的存在无法与企业自身相分离，不具有可辨认性，故不应确认为无形资产。

在实务操作中，自创的商誉不予确认，并购中产生的商誉确认并在合并报表中列报。如本章延伸阅读，苏州市建筑科学研究院集团股份有限公司（股票代码：603183）董事会于2019年5月18日发布，关于上海证券交易所对收购中测行审核意见的回复中，将"合并成本"减去"分摊至可辨认净资产公允价值"，即为商誉进行确认。

延伸阅读 4-4

苏州市建筑科学研究院集团股份有限公司关于上海证券交易所《关于对苏州市建筑科学研究院集团股份有限公司发行股份及支付现金购买资产并募集配套资金预案的审核意见函》的回复(摘录)

证券代码:603183,证券简称:建研院,公告编号:2019-31

3. 合并商誉情况。据披露,标的资产的交易总价暂定为 29 050.10 万元,而标的资产净资产 5 466.54 万元,交易完成后预计形成商誉约 23 583.56 万元,约占目前上市公司净资产的 33.79%。请公司补充披露:①标的公司是否存在长期合同、客户关系等可辨认的无形资产,需要在计算商誉时予以扣减;②结合标的公司所在行业发展与竞争情况、历史业绩与未来承诺业绩情况,就收购完成后的商誉减值风险作风险提示。请财务顾问和会计师发表意见。

一、回复

(一)商誉的形成情况

《企业会计准则第 20 号——企业合并》第十四条规定:合并中取得的无形资产,其公允价值能够可靠地计量的,应当单独确认为无形资产并按照公允价值计量。本次资产基础法预估结果中,共确认无形资产的公允价值为 970 万元,全部系未做单独计量的专利、软件著作权等无形资产。标的公司的客户关系和合同关系未确认为可辨认的无形资产。

1. 客户关系和合同关系未予以确认

(1) 企业会计准则关于无形资产的确认标准。《企业会计准则第 6 号——无形资产》对无形资产的确认标准如下:

第三条 资产满足下列条件之一的,符合无形资产定义中的可辨认性标准:①能够从企业中分离或者划分出来,并能单独或者与相关合同、资产或负债一起,用于出售、转移、授予许可、租赁或者交换。②源自合同性权利或其他法定权利,无论这些权利是否可以从企业或其他权利和义务中转移或者分离。

第四条 无形资产同时满足下列条件的,才能予以确认:①与该无形资产有关的经济利益很可能流入企业;②该无形资产的成本能够可靠地计量。

(2) 中测行客户关系和合同关系未确认为无形资产的依据。

客户关系和合同关系虽然也体现中测行的竞争优势,但需要同中测行的人才优势、专业团队相结合才能带来收益,还要以中测行的研发能力、人才团队等为基础,离开中测行难以单独存在,客户关系、合同关系的维持也需要中测行持续不断的努力。

① 中测行在业务开展中,一方面依靠自身累积的客户资源来获取业务;另一方面依靠为客户策划方案并竞标获得业务。其中,中测行的业务拓展主要通过参与招投标的形式开展,并非长期合同。中测行需要以其技术优势、专业资质继续维持与客户的合作关系,未来才能取得更多的合同,目前已有的客户关系与合同关系所能带来的未来收益难以准确计量。

② 中测行的客户关系及合同关系无法从中测行分离或划分出来,也无法单独带来经济效益,是中测行正常生产经营不可分割的重要组成,无法单独发挥其价值。

③ 中测行目前已建立的客户关系及合同关系，需提供优质的服务进行维护，除此之外，缺乏法定权利来保护或以其他方式来控制与客户的关系，因此，难以控制基于客户关系与合同关系所带来的经济利益。

综上所述，中测行的客户关系及合同关系的价值难以单独体现并合理区分计量，不能单独分离或划分并用于出售、转移、授予许可、租赁或者交换，本次交易未将客户关系及合同关系单独确认为可辨认的无形资产。

2. 预计商誉计算过程

根据建研院与中测行相关股东签署的《发行股份及支付现金购买资产协议》，本次交易标的资产的交易作价以具有证券期货相关业务资格的评估机构出具的评估报告确认的评估值为依据，经交易各方协商确定。标的资产的交易总价暂定为 29 050.10 万元。

中测行可辨认净资产公允价值以其 2018 年 12 月 31 日未经审计的账面净资产为基础，结合中测行预估的可辨认净资产的评估增值，确定可辨认净资产的公允价值。中测行2018 年 12 月 31 日预估的可辨认净资产公允价值的确定过程如表 4-1 所示。

表 4-1 可辨认净资产的公允价值　　　　　　　　　　　单位：万元

项目	金额
未经审计的账面净资产价值	5 466.54
加：固定资产评估增值	984.38
加：无形资产评估增值	970.00
资产基础法下的评估值	7 420.92
减：资产评估增值确认的递延所得税负债	293.16
减：期后分红	2 400.00
可辨认净资产公允价值	4 727.76
取得的可辨认净资产公允价值份额	4 727.76

交易对价及商誉备考的计算过程如表 4-2 所示。

表 4-2 交易对价及商誉备考的计算　　　　　　　　　　单位：万元

项目	金额
合并成本	29 050.10
减：分摊至可辨认净资产公允价值	4 727.76
商誉	24 322.34

二、无形资产评估

无形资产评估是指无形资产产权当事人委托国家认定的资产评估机构，按照一定的估价标准，遵循法定程序，在国家规定或认可的原则下采用适当的评估方法，通过分析各种相关因素的影响，计算确定无形资产在某一特定时期的现时价值的技术经济分析活动。

（一）无形资产评估的特点

和实物资产评估相比，无形资产评估有三点不同：

1. 评估计价基础不同

无形资产评估的计价基础是:使用方在有效使用年限内收获的实际经济效益,或者该无形资产在未来有效使用年限内预期收获的经济效益。

无形资产评估依据的是利润分享的计价原则,也就是说,无形资产价值的高低,不取决于为取得该无形资产所付出的代价。

所以,无形资产评估的计价基础是效益价格,实物资产评估的计价基础是市场价格。

2. 评估测算因素不同

相较于实物资产而言,无形资产评估测算的影响因素较多。从经济效益的角度来看,要考虑企业利润率、产品市场占有率以及提高劳动生产率的程度等因素。除此之外,还需要考虑无形资产的研究开发成本、无形磨损、使用风险、社会评价等。

所以,无形资产评估时不确定因素较多。

3. 评估的计量方式不同

无形资产品类繁多,专利权、商标权、著作权等每一种无形资产都有各自的特点和性能。因此,无形资产评估对象具有很强的"个性"需要区别不同情况,进行科学评估。

(二)影响无形资产评估的主要因素

影响无形资产评估的主要因素如下。

1. 无形资产的收益能力

无形资产的价值是由未来收益期限内无形资产可实现的收益额折现形成的,包括有效寿命期间无形资产使用权的转让值、无形资产年收益评估值等。某项无形资产,在环境、制度允许的条件下,获得收益能力越强,无形资产的评估值越高。获得收益能力越弱,无形资产的评估值越低。

2. 无形资产的使用期限

无形资产使用期限的长短,会直接影响无形资产的评估。使用期限的长短,既取决于该无形资产的先进程度,也取决于其无形损耗的大小。无形资产越先进,其领先水平越高,使用期限则越长。无形资产的无形损耗程度越低,则其具有实际超额收益的期限越长。

3. 无形资产的科学价值和发展前景

无形资产的技术水平越高,垄断性越强,使用期限越长,无形资产所获得的超额收益能力越强,其评估值越高。同时,无形资产的损耗和贬值也会影响其评估价值。无形资产的无形损耗越大,其评估值就越低。

4. 无形资产的成本

无形资产的成本,相较于实物资产而言,具有不确定性,不易于计量。对企业无形资产来说,外部采购的无形资产比较容易确定成本,自行创建的成本计量较有难度。

5. 无形资产成果使用方式

从无形资产的转让形式来看,分为所有权转让和使用权转让。一般而言,所有权转让的无形资产评估值高于使用权转让的评估值。

6. 无形资产的市场供求

无形资产的市场供求状况,也会对无形资产的评估值产生影响。市场需求越大,则评估值就越高。市场需求较小,且有同类无形资产替代时,则其评估值就越低。

7. 无形资产的费用支付方式

转让无形资产时,如果是一次性支付,则实施过程中的风险和投资后的经济风险,一般是由买方承担的,评估值会定得低一些;如果是采用多次支付,由于支付期限较长,评估值就会高一些。

在开展无形资产评估时,需要遵守中国资产评估协会发布的《资产评估执业准则——无形资产》。

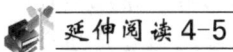
延伸阅读4-5

《资产评估执业准则——无形资产》

第一章 总 则

第一条 为规范无形资产评估行为,保护资产评估当事人合法权益和公共利益,根据《资产评估基本准则》制定本准则。

第二条 本准则所称无形资产,是指特定主体拥有或者控制的,不具有实物形态,能持续发挥作用并且能带来经济利益的资源。

第三条 本准则所称无形资产评估,是指资产评估机构及其资产评估专业人员遵守法律、行政法规和资产评估准则,根据委托对评估基准日特定目的下的无形资产价值进行评定和估算,并出具资产评估报告的专业服务行为。

第四条 涉及土地使用权、矿业权、水域使用权等的评估另行规范。

第五条 执行无形资产评估业务,应当遵守本准则。

第二章 基本遵循

第六条 资产评估机构及其资产评估专业人员开展无形资产评估业务,应当遵守法律、行政法规的规定,坚持独立、客观、公正的原则,诚实守信,勤勉尽责,谨慎从业,遵守职业道德规范,自觉维护职业形象,不得从事损害职业形象的活动。

第七条 资产评估机构及其资产评估专业人员开展无形资产评估业务,应当独立进行分析和估算并形成专业意见,拒绝委托人或者其他相关当事人的干预,不得直接以预先设定的价值作为评估结论。

第八条 执行无形资产评估业务,应当具备无形资产评估的专业知识和实践经验,能够胜任所执行的无形资产评估业务。

执行某项特定业务缺乏特定的专业知识和经验时,应当采取弥补措施,包括利用专家工作及相关报告等。

第九条 执行企业价值评估中的无形资产评估业务,应当了解在对持续经营前提下的企业价值进行评估时,无形资产作为企业资产组成部分的价值可能有别于作为单项资产的价值,其价值取决于它对企业价值的贡献程度。

第十条 执行无形资产评估业务,应当根据评估业务具体情况,对评估对象进行现场调查,收集权属证明、财务会计信息和其他资料并进行核查验证、分析整理。

第十一条 执行无形资产评估业务,应当合理使用评估假设和限制条件。

第三章 评估对象

第十二条 执行无形资产评估业务,应当要求委托人明确评估对象,关注评估对象的权利状况及法律、经济、技术等具体特征。

第十三条 执行无形资产评估业务,应当根据具体经济行为,谨慎区分可辨认无形资产和不可辨认无形资产,单项无形资产和无形资产组合。

第十四条 可辨认无形资产包括专利权、商标权、著作权、专有技术、销售网络、客户关系、特许经营权、合同权益、域名等。不可辨认无形资产是指商誉。

第十五条 执行无形资产评估业务,应当要求委托人根据评估对象的具体情况与评估目的,对无形资产进行合理的分离或者合并,恰当进行单项无形资产或者无形资产组合的评估。

第十六条 执行无形资产评估业务,通常关注评估对象的产权因素、获利能力、成本因素、市场因素、有效期限、法律保护、风险因素等相关因素。

第四章 操作要求

第十七条 执行无形资产评估业务,应当明确评估对象、评估目的、评估基准日、评估范围、价值类型和资产评估报告使用人。

第十八条 执行无形资产评估业务,通常关注以下事项:

(一)无形资产权利的法律文件、权属有效性文件或者其他证明资料;

(二)无形资产持续的可辨识经济利益;

(三)无形资产的性质和特点,历史取得和目前的使用状况;

(四)无形资产的剩余经济寿命和法定寿命,无形资产的保护措施;

(五)无形资产实施的地域范围、领域范围与获利方式;

(六)无形资产以往的交易、质押、出资情况;

(七)无形资产实施过程中所受到的法律、行政法规或者其他限制;

(八)类似无形资产的市场价格信息;

(九)宏观经济环境;

(十)行业状况及发展前景;

(十一)企业状况及发展前景;

(十二)其他相关信息。

第十九条 无形资产与其他资产共同发挥作用时,应当分析这些资产对无形资产价值的影响。

第二十条 执行无形资产评估业务,通常关注宏观经济政策、行业政策、经营条件、生产能力、市场状况等各项因素对无形资产效能发挥的制约,关注其对无形资产价值产生的影响。

第五章 评估方法

第二十一条 确定无形资产价值的评估方法包括市场法、收益法和成本法三种基本方法及其衍生方法。

执行无形资产评估业务,资产评估专业人员应当根据评估目的、评估对象、价值类型、资料收集等情况,分析上述三种基本方法的适用性,选择评估方法。

第二十二条 采用收益法评估无形资产时应当：

（一）在获取无形资产相关信息的基础上,根据该无形资产或者类似无形资产的历史实施情况及未来应用前景,结合无形资产实施或者拟实施企业经营状况,重点分析无形资产经济收益的可预测性,考虑收益法的适用性；

（二）估算无形资产带来的预期收益,区分评估对象无形资产和其他无形资产与其他资产所获得的收益,分析与之有关的预期变动、收益期限,与收益有关的成本费用、配套资产、现金流量、风险因素；

（三）保持预期收益口径与折现率口径一致；

（四）根据无形资产实施过程中的风险因素及货币时间价值等因素估算折现率；

（五）综合分析无形资产的剩余经济寿命、法定寿命及其他相关因素,确定收益期限。

第二十三条 采用市场法评估无形资产时应当：

（一）考虑该无形资产或者类似无形资产是否存在活跃的市场,考虑市场法的适用性；

（二）收集类似无形资产交易案例的市场交易价格、交易时间及交易条件等交易信息；

（三）选择具有比较基础的可比无形资产交易案例；

（四）收集评估对象近期的交易信息；

（五）对可比交易案例和评估对象近期交易信息进行必要调整。

第二十四条 采用成本法评估无形资产时应当：

（一）根据无形资产形成的全部投入,考虑无形资产价值与成本的相关程度,考虑成本法的适用性；

（二）确定无形资产的重置成本,无形资产的重置成本包括合理的成本、利润和相关税费；

（三）确定无形资产贬值。

第二十五条 对同一无形资产采用多种评估方法时,应当对所获得的各种测算结果进行分析,形成评估结论。

第六章 披露要求

第二十六条 无论单独出具无形资产评估报告,还是将无形资产评估作为资产评估报告的组成部分,都应当在资产评估报告中披露必要信息,使资产评估报告使用人能够正确理解评估结论。

第二十七条 无形资产评估报告应当说明下列内容：

（一）无形资产的性质、权利状况及限制条件；

（二）无形资产实施的地域限制、领域限制及法律法规限制条件；

（三）与无形资产相关的宏观经济和行业的前景；

（四）无形资产的历史、现实状况与发展前景；

（五）评估依据的信息来源；

（六）其他必要信息。

第二十八条 无形资产评估报告应当说明有关评估方法的下列内容：

（一）评估方法的选择及其理由；

（二）各重要参数的来源、分析、比较与测算过程；

（三）对测算结果进行分析，形成评估结论的过程；

（四）评估结论成立的假设前提和限制条件。

第七章 附 则

第二十九条 本准则自 2017 年 10 月 1 日起施行。中国资产评估协会于 2008 年 11 月 28 日发布的《关于印发〈资产评估准则——无形资产〉和〈专利资产评估指导意见〉的通知》（中评协〔2008〕217 号）中的《资产评估准则——无形资产》同时废止。

单项选择题

1. 下列各项中，不应确认为无形资产的是（   ）。
   A. 专有技术　　　　　　　　　B. 专营权
   C. 专利权　　　　　　　　　　D. 刊头

2. 下列各项中，属于无形资产的是（   ）。
   A. 内部产生的品牌　　　　　　B. 高速公路收费权
   C. 企业内部产生的报刊名　　　D. 企业自创的商誉

3. 在下列无形资产中，不可确指的资产是（   ）。
   A. 商标权　　　　　　　　　　B. 土地使用权
   C. 专营权　　　　　　　　　　D. 商誉

4. 在下列选项中，（   ）不属于无形资产。
   A. 公知技术　　　　　　　　　B. 专利权
   C. 计算机软件　　　　　　　　D. 专有技术

5. 对被评估企业外购的无形资产，可以根据（   ）及该项资产具有的获利能力评估其价值。
   A. 生产成本　　　　　　　　　B. 现时取得成本
   C. 预计价格　　　　　　　　　D. 折余价值

多项选择题

1. 下列各项中，属于可以入账的无形资产有（   ）。
   A. 外购的专利权　　　　　　　B. 自创的专利权
   C. 外购的商誉　　　　　　　　D. 自创的商誉

2. 通过无形资产评估前的鉴定，应该解决（   ）等问题。
   A. 证明无形资产存在　　　　　B. 确定无形资产种类
   C. 确定其获得能力　　　　　　D. 确定其有效期限

3. 预计和确定无形资产的有效期限，通常采取的方法有（   ）。
   A. 选择适当的指标体系确定
   B. 按照法定的有效期限与收益年限孰短的原则确定
   C. 合同或企业申请书规定受益时间的，按受益期限确定

D. 法律或合同没有规定受益时间的,按预计受益期限确定
E. 按照国际惯例确定

判断题
1. 无实体性是无形资产区别于其他各种资产的唯一特征。（　）
2. 当某企业购买另一个企业时,实际支付的价款大于被购买企业净资产公允价值的差额,应作为商誉入账。（　）

第三节　金融资产

一、金融资产概述

金融资产是指组织或个人所拥有的以价值形态存在的资产,是一切代表未来收益或资产合法要求权的凭证,是一种索取实物资产的无形权利,是一切可以在有组织的金融市场上进行交易、具有现实价格和未来估价的金融工具的总称,也可以称为金融工具或证券。本节主要围绕企业的金融资产展开。

以金融资产为交易对象而形成的供求关系及其机制的总和被称为金融市场。

(一) 我国金融市场的历史阶段

我国金融市场自改革开放以来,大致经历过以下几个阶段:

第一阶段:1978—1984年,金融体系的恢复时期。

1978年12月,中国金融改革开放启动。1978年的全国人大五届一次会议决定,中国人民银行总行从财政部分离而独立,标志着中国现代金融体系建设的开始。

1984年11月14日,上海飞乐音响股份有限公司公开向社会发行股票,这是中国改革开放后第一只真正意义上的股票,标志着改革开放后的中国揭开资本市场的神秘面纱。

在第一阶段,我国中央银行制度框架基本确立,主要国有商业银行基本成型,股票在资本市场上开始发行,保险业开始恢复,改革开放后新时期的金融体系初显雏形。

第二阶段:1985—1993年,金融体系全面建设时期。

1985年1月1日,我国开始实行"统一计划,划分资金,实贷实存,相互融通"的信贷资金管理体制。1990年11月,第一家证券交易所——上海证券交易所正式成立。自此,中国证券市场发展开启了崭新篇章。

第二阶段的金融市场开始向法制化发展,体系更加完善。

第三阶段:1994—2007年,全面配套改革时期。

1994年,国务院集中出台了一系列金融改革措施。对中央银行体系、金融宏观调控体系、金融组织体系、金融市场体系和外汇管理体系进行全面改革。1999年5月,上海期货交易所正式成立。1999年7月,《中华人民共和国证券法》正式实施,对资本市场发展起到巨大推动作用。2001年12月中国正式加入世界贸易组织(WTO)。2006年2月底,中国外汇储备跃居全球第一。

第三阶段的金融市场改革继续深化,中国人民银行的货币调控职能加强,银行外的金融

监管职能由银监会、证监会、保监会承担。政策性银行建立,银行、证券法制化继续深化,金融体系各系统职能更加清晰完善,分工更加明确,期货等新兴金融业继续发展。

第四阶段:2008年至今,改革深化时期。

2008年9月,雷曼兄弟破产倒闭引发全球金融危机,中国的金融改革和发展又一次在外部危机冲击下步入了一个新阶段。2009年4月8日,跨境贸易人民币结算试点启动,逐步推广至全国。2009年5月1日,创业板正式启动。2019年6月13日,科创板正式启动。

我国金融市场进入了稳定发展、强监管、防风险阶段。

(二) 金融资产的种类

随着金融市场的不断深入发展,中国的金融资产种类也在不断丰富中。

根据金融资产的经济性质来分,金融资产主要包括库存现金、应收账款、应收票据、贷款、其他应收款、应收利息、债权投资、股权投资、基金投资、衍生金融资产等。

1993年,联合国公布的国民经济核算(SNA)从统计目的出发对金融资产作如下分类:

(1) 货币黄金和特别提款权。

(2) 通货和存款。

(3) 股票以外的证券(包括金融衍生工具)。

(4) 贷款。

(5) 股票和其他权益。

(6) 保险专门准备金。

(7) 其他应收/应付账款。

2017年3月31日,我国财政部为了适应社会主义市场经济发展需要,规范金融工具的会计处理,提高会计信息质量,根据《企业会计准则——基本准则》,修订发布了《企业会计准则第22号——金融工具确认和计量》(以下简称CAS22)、《企业会计准则第23号——金融资产转移》和《企业会计准则第24号——套期会计》等三项金融工具会计准则。

2017年5月2日,财政部修订发布了《企业会计准则第37号——金融工具列报》(以下简称CAS37),以反映上述新金融工具准则的变化在列示和披露方面的相应更新。

CAS22从"企业应当根据其管理金融资产的业务模式和金融资产的合同现金流量特征"角度,将金融资产划分为以下三类:

(1) 以摊余成本计量的金融资产。

(2) 以公允价值计量且其变动计入其他综合收益的金融资产。

(3) 以公允价值计量且其变动计入当期损益的金融资产。

根据CAS22,金融资产的确认是指企业持有的现金、其他方的权益工具以及符合下列条件之一的资产:

(1) 从其他方收取现金或其他金融资产的合同权利。

(2) 在潜在有利条件下,与其他方交换金融资产或金融负债的合同权利。

(3) 将来须用或可用企业自身权益工具进行结算的非衍生工具合同,且企业根据该合同将收到可变数量的自身权益工具。

(4) 将来须用或可用企业自身权益工具进行结算的衍生工具合同,但以固定数量的自身权益工具交换固定金额的现金或其他金融资产的衍生工具合同除外。其中,企业自身权益工具不包括应当按照 CAS37 分类为权益工具的可回售工具或发行方仅在清算时才有义务向另一方按比例交付其净资产的金融工具,也不包括本身就要求在未来收取或交付企业自身权益工具的合同。

当企业以常规方式购买或出售金融资产的,根据准则规定,企业应当在交易日确认将收到的资产和为此将承担的负债,或者在交易日终止确认已出售的资产,同时确认处置利得或损失以及应向买方收取的应收款项。

当收取该金融资产现金流量的合同权利终止,或者出现此情况:该金融资产已转移,并且该转移满足 CAS22 关于金融资产终止确认的规定。当这两个条件满足其一的时候,金融资产应当终止确认。

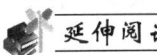
延伸阅读4-6

比特币:金矿还是陷阱

2013 年 4 月,比特币如过山车般大起大落的行情,使它成为媒体上被热炒的词汇,也让它从极客圈子走入大众视野。

不过,对大多数人而言,比特币仍然是一个谜。有人盛赞它带来了"货币观念的革命",也有人惊呼这是一场披着高科技外衣的郁金香泡沫或庞氏骗局;有人认为它必将消亡,也有人相信它代表了未来货币的发展趋势。

比特币究竟从何而来?这种虚拟的货币为什么能用于现实消费?对于金融秩序,它又将产生怎样的影响?

火 爆

国内已有商家接受支付虚拟货币对人们来说并不陌生,Q 币、百度币、游戏币……而最近,虚拟货币家族却出了一位特殊的新成员——比特币。它神通广大,其他家族成员的活动范围都还局限于网络世界,比特币却已将一只脚迈入了现实生活:它不仅可以兑换成实实在在的钞票,还能直接用来购物。

北京的车库咖啡就是接受比特币支付的商家之一。咖啡馆有一个比特币账户的二维码,付款时只要扫一扫就能完成,非常便捷。

有趣的是,由于比特币兑换人民币的汇率随时在变化,支付前还需要到专门的汇率网站去换算。同一杯咖啡,每天的比特币标价都可能不同。而店里第一笔用比特币完成的生意,是一位客人用 0.012 比特币买了一杯咖啡。

0.012 这个数字,看起来有些怪异,这可不是因为咖啡太便宜,而是比特币太值钱了。自诞生以来,比特币的身价一直在飙升。截至 2013 年 5 月 6 日 22 时,1 比特币能兑换约 759 元人民币,而在 4 月份汇率最高的时候,这个数字更是在千元以上。

不过,像车库咖啡一样的店在国内还很少。使用比特币消费,人们更多的是通过网站进行的。如今,一些淘宝店已经开始接受比特币支付。而通过一个叫作 BitPay 的平台,全世界的"比特人"都可以在亚马逊上购物。

据了解,比特币在国内的发展相对缓慢。"中国的客户端下载量在全世界只排在七八位。"科幻作家长铗介绍。作为中国第一批"比特人"以及比特币的铁杆粉丝,长铗曾停止写作1年时间,专心推广比特币。

最近,他明显感觉到比特币热度的不断上升。不久前,长铗在微博上宣布以0.07比特币的价格签名售书,没想到很快收到一大堆订单。"其中一些甚至都不是科幻爱好者,他们只是觉得,这种方式真酷!"

"4·20"芦山地震发生后,壹基金宣布接受比特币捐款,短短几天之内收到233个比特币,折合人民币近22万元。这一广受关注的事件,更是大大提高了比特币的知名度。

诱　　惑

基于公开算法,发行总量到2140年将达2 100万个的上限。

究其本质,所有虚拟货币都不过是一串数字代码,比特币也不例外。为何人们单单对它如此青睐？在比特币论坛上,不时有狂热的投资者宣称已将自己的全部财产换成了比特币。"这是保证财产不缩水的唯一手段。"一名投资者说。

看不见摸不着的虚拟货币,竟比实体货币更受人信任,如此不可思议的事情为何存在？这可能是由于比特币独有的产生方式。

比特币没有属于自己的"中央银行",它的发行是基于一套无人能改的公开算法,这意味着,比特币的生产与流通不受任何人、任何机构的控制。

此外,这套特殊的算法还限定了比特币的发行总量,到2140年,比特币将达到2 100万个的上限。

在"量化宽松"的时代,这样一种货币,使饱受通胀之苦的人们看到一丝曙光。难怪不少"比特人"都坚信,比特币是一场货币观念的革命,代表了未来货币的发展方向。

那么,如何才能获得比特币？

传统纸币的制造靠印钞厂,比特币则靠"挖矿"。所谓"挖矿",是指让电脑运行特定程序,对一些数据块进行解锁来"开采"比特币。"开采"完成后,网络会"按劳分配"——谁贡献的计算能力越多,收获的比特币就越多。

只需下载一个客户端让电脑自己运行,就可以"挖矿"了。听起来似乎很简单,不过,这套复杂的运算,对计算机的要求非常高。若是使用普通的笔记本电脑,运行几年都不会有任何收获。

很显然,计算能力越强,"挖矿"时越有优势。于是,专业的"挖矿机"应运而生。这些电脑为追求极致的运算速度而舍弃了其他功能,价格通常要几万元。

决定"挖矿机"性能与价格的关键在于显卡。在进行这类复杂运算的时候,显卡的效率要比CPU高得多。

"最近高端显卡都卖得特别好,绝大多数买家都是用来'挖矿'的!"一名电脑配件器材店的销售人员透露,2013年4月,店里卖掉的高端显卡数量跟以前1年卖掉的差不多。

"挖矿"的成本,着实不低。

按照发行规则,被"开采"出来的比特币越多,新币的计算就越难,"挖矿"也会越来越慢。如今,每10分钟,网络只能产生25个比特币,而到了2017年,这个数字会减半至12.5比特币,并且每隔4年再减半。

"以现阶段的计算难度来看,'挖矿'的利润已经相当低了,甚至得不偿失。"长铗说,因此,很多"比特人"都会选择直接去交易平台购买。

争　议

购买比特币的人们并不是觉得它真正有用,而是因为它的价格在上涨。这让人们从中嗅到了泡沫化的风险,更引起了货币观念之争。

没有任何实际价值的事物能否成为货币？在一些专家看来,答案是否定的。"比特币的运算毫无意义。"对外经贸大学金融学院兼职教授赵庆明认为,比特币只能是昙花一现。"货币应具有一定的物质抵制资产,且币值相对稳定,这两点比特币都无法做到。"

另一些经济学家则不这么认为。布雷顿森林体系崩溃后,美元与黄金脱钩,货币的商品属性已不存在,这使得人们开始转变观念:一种事物能否成为货币,与其本身的用处无关;只要所有人都认可并使用,它就可以成为货币。如果人们能认同一张纸有价值,一串数字代码为什么不行呢？不少粉丝坚信,比特币代表着未来货币的发展方向。

不过,即使支持者也认为,比特币正在成为巨型泡沫,前景并不乐观。"如果比特币继续上涨,那么它的货币属性会越来越弱,如果比特币价格下跌或横盘,那么人们才会使用比特币进行支付。可此时那些奔着赚钱而来的人就会失望而流失。这怎么看都是个悖论。"财经专栏作家端宏斌在博客中写道。但他又指出,这并不意味着比特币毫无价值。当年的互联网也经历了泡沫破灭的过程,却并没有死亡。对于比特币来说,情况也许一样。

相比于未来,当前更直接的问题是,虚拟货币已走进现实生活,它会否对现行的金融秩序造成影响？"目前看来,影响微乎其微。当然,如果泡沫太大,破灭时肯定会造成不小的损失。"赵庆明说。

资料来源:2013年5月2日人民网。

二、金融资产评估

金融资产评估是指评估机构接受金融资产业务单位的委托,为了特定目的,依据国家的法律和有关资料,按照科学的程序、方法和标准,对金融资产的现时价值进行评定估算的过程。

(一) 金融资产评估发展概况

金融资产评估是伴随金融交易而产生的。19世纪末到20世纪初,随着西方资本主义经济的飞速发展,金融市场日趋繁荣。金融资产交易不断增多,金融资产评估的业务需求也急剧增加,同时要求资产评估人员的专业化,从而产生一批具有经验的金融资产评估人员。但此时,金融资产评估还属于经验评估的范畴。

第二次世界大战后,世界经济飞速发展。衍生金融工具层出不穷,极大地促进金融资产评估业的发展,但也对金融资产评估提出更高要求。原有的经验评估已不能满足市场需求,各种现代技术和管理模式被不断地引进到金融资产评估中来。

我国金融资产交易市场的发展起步较晚。北京金融资产交易所有限公司于2010年5月30日正式揭牌运营,是我国第一家正式揭牌运营的专业化金融资产交易机构。随后,天津、重庆、上海等地纷纷跟进,北京、上海、广州、重庆等建立了在全国具有较大影响力的金融资产交易平台,其他主要省份也都相继设立区域性金融资产交易平台。

(二) 金融资产交易平台的主要业务

金融资产交易平台的业务主要围绕非标资产而展开的,有四大类业务:

(1) 金融资产交易业务。它直接针对金融国有资产、金融不良资产、私募股权、应收账款等金融资产进行交易。此类业务是金融资产交易平台的基础业务,其中金融国有资产和金融不良资产交易最为典型。

(2) 资产收益权交易业务。不直接针对基础金融资产交易,而是面向存量金融资产以信托受益权、应收账款收益权、小贷资产收益权、融资租赁收益权、商业票据收益权等形式盘活非标资产。

(3) 融资类业务。它包括委托债权投资、定投投资工具、私募债等。

(4) 信息耦合业务。它通过交易所提供企业投融资信息,或展示项目信息,撮合各方达成交易,并同时提供登记托管等配套服务。

(三) 金融资产评估的原则

金融资产在进行交易时必须要经过资产评估。金融资产评估主要遵循以下几点原则:

(1) 独立性原则是指评估金融资产主体和评估业务的当事人双方不能有任何的利益关系。独立性原则具有两层含义:①金融资产评估机构的独立性;②评估机构和评估人员在金融资产评估工作中始终坚持独立的第三者地位。

(2) 客观性原则是指金融资产评估工作要实事求是,尊重客观实际。

(3) 科学性原则是指金融资产评估机构和评估人员必须遵循科学的评估标准,运用科学的态度制定评估方案,采用科学的评估方法进行金融资产评估。

(4) 专业性原则是指金融资产评估工作要委托专业的机构和人员来实施。

(四) 金融资产评估方法

目前金融资产评估主要运用的方法有:现行市价法、成本法、收益现值法和贴现现金流量法,分别作以下简述。

1. 现行市价法

现行市价法是指通过比较被评估的金融资产与市场上近似资产的异同,针对各项价值影响因素,将近似资产的市场价格进行调整,从而确定被评估金融资产的评估值的一种资产评估方法。

2. 成本法

成本法是用金融资产的账面价值减去账面折旧,得到该项资产的账面残值。账面价值可使用历史成本法和重置成本法。历史成本法可分为投资人要求权法和资产负债法。价值判断的准确程度取决于资产的历史成本与市场实际价值的差异程度。

3. 收益现值法

收益现值法是指一项金融财产的价值等于它在未来带给其所有者收入的净现值。它是把被评估资产的预期收益流。它是通过适当的折现率进行折现,从而转换为被评估资产价值的一种资产评估方法。

这种方法的使用需要满足以下三个条件:

(1) 被评估的金融资产必须是经营性资产,且具有继续经营的能力并不断获得收益。

(2) 被评估的金融资产在继续经营中的收益能够且必须用货币金额来表示。

(3) 被评估的金融资产未来经营风险的各种因素能转化为数据加以计算,具体体现在贴现率和资本化率中。

4. 贴现现金流量法

贴现现金流量法是收益现值法的一种具体表现形式,它将未来现金流作为未来收益。

用贴现现金流量法进行金融资产评估时,首先要估计出金融资产的未来现金流量。金融资产创造的现金流量是在一段时期内由以金融资产为基础的投资活动创造的,这些现金流量不包括与筹资活动有关的收入与支出。其次,确定折现率。

金融资产评估是保障金融市场安全稳定的关键因素,因为金融资产评估能够发现金融资产的真实和内在价值,具有"去资产泡沫化"和"稳定器"的作用,也是有效进行金融监管的手段。

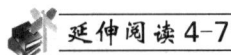延伸阅读 4-7

金融不良资产评估指导意见

第一章 总 则

第一条 为规范金融不良资产评估行为,保护资产评估当事人合法权益和公共利益,根据《资产评估基本准则》制定本指导意见。

第二条 本指导意见所称金融不良资产,是指银行持有的次级、可疑及损失类贷款,金融资产管理公司收购或者接管的金融不良债权,以及其他非银行金融机构持有的不良债权。

本指导意见所称金融不良资产评估业务包括资产评估专业人员执行的以金融不良资产处置为目的的价值评估业务(以下简称价值评估业务)和以金融不良资产处置为目的的价值分析业务(以下简称价值分析业务)。

价值评估业务是指资产评估机构及其资产评估专业人员遵守法律、行政法规和资产评估准则,根据委托对在评估基准日特定目的下的金融不良资产价值进行评定和估算,并出具评估报告的专业服务行为。

价值分析业务是指资产评估机构及其资产评估专业人员根据委托,对无法履行必要资产评估程序的金融不良资产在基准日特定目的下的价值或者价值可实现程度进行分析、估算,并出具价值分析报告等咨询报告的专业服务行为。

第三条 执行金融不良资产评估业务,应当遵守本指导意见。

第二章 基本遵循

第四条 执行金融不良资产评估业务,应当具备金融不良资产评估的专业知识和实践经验,能够胜任所执行的金融不良资产评估业务。

第五条 执行金融不良资产评估业务,应当坚持独立、客观、公正的原则,勤勉尽责,保持应有的职业谨慎,独立进行分析、估算并形成专业意见。

资产评估机构及其资产评估专业人员应当与委托人、被评估单位以及其他相关当事人无利害关系。

第六条 资产评估专业人员应当根据资产评估业务具体情况合理使用评估假设,并在资产评估报告中予以披露。

第七条 价值评估业务和价值分析业务是两种不同的专业服务。

执行金融不良资产评估业务，在未受到限制、能够履行必要资产评估程序的情况下，通常应当考虑执行价值评估业务。

执行金融不良资产评估业务，在受到限制、无法履行必要资产评估程序的情况下，可以与委托人协商执行价值分析业务。

价值评估业务出具资产评估报告，价值分析业务出具价值分析报告等咨询报告。

第八条 资产评估专业人员在受理金融不良资产评估业务时，应当在明确评估业务基本事项的基础上，根据评估对象的具体情况、评估目的、资产处置方式、评估资料可获得程度和资产评估程序受限制程度等因素，与委托人协商后明确执行价值评估业务或者价值分析业务。

第九条 资产评估专业人员应当提醒委托人和其他报告使用人关注价值评估业务和价值分析业务的区别。

资产评估专业人员应当对价值评估结论或者价值分析结论进行明确说明，提醒委托人和其他报告使用人关注价值评估结论和价值分析结论的区别。

价值分析结论是在受到一定限制条件下形成的专业意见，委托人和其他报告使用人应当知晓其作为参考依据的适用性不同于价值评估结论。

第十条 价值评估结论和价值分析结论反映评估对象在基准日的价值或者价值可实现程度。

资产评估专业人员应当提示报告使用人根据基准日后资产状况和市场状况的变化，合理确定价值评估结论和价值分析结论的有效使用期限。

如果资产状况、市场状况与基准日相关状况相比发生重大变化，委托人应当委托资产评估机构执行评估更新业务或者重新评估。

第十一条 价值评估结论和价值分析结论反映资产评估专业人员遵守法律、行政法规和资产评估准则，在履行必要程序后形成的建立在相关假设和限制条件基础上的专业意见。

价值评估结论或者价值分析结论是资产处置的参考依据，不应当被认为是对金融不良资产处置时可实现价格的保证。

委托人和其他报告使用人应当正确理解并恰当使用价值评估结论或者价值分析结论。资产评估专业人员应当建议委托人在参考价值评估结论或者价值分析结论的基础上，结合资产处置方案及资产处置时资产状况和市场状况等因素，进行合理决策。

第十二条 遵守法律、行政法规和资产评估准则，对评估对象在基准日特定目的下的价值或者价值可实现程度进行分析和估算并发表专业意见，是资产评估机构及其资产评估专业人员的责任。

委托人和其他相关当事人应当提供必要的资料，并对资料的真实性、完整性、合法性负责。

委托人应当对资产评估专业人员执行业务予以配合，不得干预资产评估专业人员正常执业。当债务人等被评估单位对资产评估机构的合理要求不予以必要配合时，委托人应当予以必要协调。

第三章 资产评估对象

第十三条 金融不良资产评估业务中，根据项目具体情况和委托人要求，评估对象可能是债权资产,也可能是用以实现债权清偿权利的实物类资产、股权类资产和其他资产。

执行金融不良资产评估业务,应当与委托人进行充分协商,明确评估对象。

第十四条 实物类资产主要包括收购的以物抵贷资产、资产处置中收回的以物抵债资产、受托管理的实物资产及其所产生的权益,以及其他能实现债权清偿权利的实物资产。

股权类资产主要包括商业性债转股、抵债股权、质押股权等。

其他资产主要包括土地使用权、商标权等无形资产以及收益凭证等其他相关资产。

债权资产主要包括本指导意见第二条第一款所指不良贷款和不良债权。

第十五条 执行金融不良资产评估业务,应当关注评估对象的具体形态,充分考虑评估对象特点对评估业务的影响。

第四章 操作要求

第十六条 执行价值评估业务应当充分考虑金融不良资产处置的特点,遵守法律、行政法规和资产评估准则。

第十七条 资产评估专业人员应当明确资产评估业务的基本情况,根据评估目的、评估对象、资产处置方式、可获得的评估资料等因素,恰当选择价值类型和评估方法。

第十八条 执行金融不良资产评估业务,应当在履行必要的资产评估程序或者分析程序后,编制并出具资产评估报告或者咨询报告。

第十九条 资产评估报告应当包含必要信息,使资产评估报告使用人能够正确理解评估结论。

第二十条 资产评估专业人员应当在遵守法律、行政法规和资产评估准则的基础上,根据委托人的要求,合理确定资产评估报告的繁简程度。

第五章 附 则

第二十一条 本指导意见自 2017 年 10 月 1 日起施行。中国资产评估协会于 2005 年 3 月 21 日发布的《关于印发〈金融不良资产评估指导意见(试行)〉的通知》(中评协〔2005〕37 号)同时废止。

习 题

单项选择题

1. 下列各种情况,不会形成企业金融资产的是( )。
   A. 从其他方收取现金或其他金融资产的合同权利
   B. 向其他方交付现金或其他金融资产的合同义务
   C. 在潜在有利条件下,与其他方交换金融资产或金融负债的合同权利
   D. 将来须用或可用企业自身权益工具进行结算的非衍生工具合同,且企业根据该合同将收到可变数量的自身权益工具

2. 交易性金融资产主要是指企业为了近期内出售而持有的金融资产。下列各项中,不属于交易性金融资产的是( )。
   A. 企业以赚取差价为目的从一级市场购入的股票

B. 企业对联营企业的权益性投资
C. 企业以赚取差价为目的从二级市场购入的认股权证
D. 企业以赚取差价为目的从二级市场购入的开放式基金

3. 非上市股票评估，一般应该采用的评估方法是（   ）。
   A. 成本法   B. 市场法
   C. 现行市价法   D. 本金加股息

多项选择题

1. 企业从二级市场购入的债券作为交易性金融资产，其初始确认金额不应包括（   ）。
   A. 支付给券商的佣金
   B. 支付给代理机构的手续费
   C. 实际支付的价款中包含的已到付息期但尚未领取的债券利息
   D. 实际支付的价款中包含的尚未到付息期的债券利息

2. 下列说法中，正确的有（   ）。
   A. 购入的交易性金融资产实际支付的价款中包含的已宣告但尚未领取的现金股利或已到付息期但尚未领取的债券利息，应单独核算，不构成交易性金融资产的成本
   B. 为购入交易性金融资产所支付的相关费用，不计入该资产的成本
   C. 为购入交易性金融资产所支付的相关费用，应计入该资产的成本
   D. 交易性金融资产在持有期间，收到现金股利，应确认投资收益

3. 金融资产评估的主要方法有（   ）。
   A. 现行市价法   B. 成本法
   C. 收益现值法   D. 贴现现金流量法

判断题

可出售金融资产符合一定条件时可重分类为交易性金融资产。   （   ）

第五章 融资决策分析

学习目标

1. 了解创业企业融资的基本概念及特点。
2. 掌握基本的融资需求评估方法。
3. 掌握融资方案策划的要求和过程。

第一节 创业企业融资

"大众创业、万众创新"。有数据统计,每分钟就有7个创业公司诞生。当下已经成为创业最好的时代。

创业企业成功融到资金,是创业成功的必要条件。因此创业者必须快速找到自己的天使投资人或者风险投资。

一、创业企业定义及基本类型

创业企业是指处于创业阶段,高成长性与高风险性并存的创新开拓型企业。创业企业不等于高科技企业,也不等于中小企业。

创业企业主要有四种基本类型,分别是独立企业型、合伙企业型、公司企业型、增员创业型。

(1) 独立企业型是指由创业者个人全额出资,独自经营并独自承担风险、享有创业成果的一种创业组织形态。基本形式分为个体工商户、私营企业、自由职业三种。

(2) 合伙企业型是指依法在中国境内设立的由两个以上的创业者订立合伙协议,共同出资、合伙经营、共享收益、共担风险,并对合伙企业债务承担无限连带责任的营利性组织。合伙企业又分为普通合伙和有限合伙。

(3) 公司企业型是指依法设立的、以营利为目的的公司法人,它有两个基本形式,即有限责任公司和股份有限公司。

(4) 增员创业型是指以团队规模取胜的一种借力创业的模式,主要形式是直销。直销是指直销企业招募直销员,由直销员在固定营业场所之外直接向最终消费者推销产品的经销方式。

二、创业企业融资特点

(一) 创业企业融资的一般特点

由于创业企业一般在初创期都属于中小企业,资产规模小、财务信息不透明、经营上的不确定性大、承受外部经济冲击的能力弱,加上自身经济灵活性的要求,其融资与大企业相比存在很大特殊性。主要体现在以下四个方面:

(1) 在融资渠道的选择上,创业企业比成熟大企业更依赖内部融资。内部融资是指公司经营活动结果产生的资金,即公司内部融通的资金,它主要由留存收益和折旧构成。它是企业不断将自己的储蓄(主要包括留存盈利、折旧和定额负债)转化为投资的过程。

(2) 在融资方式的选择上,创业企业更加依赖债务融资,在债务融资中又主要依赖来自银行等金融中介机构的贷款。

(3) 创业企业的债务融资表现出规模小、频率高和更加依赖流动性强的短期贷款的特征。

(4) 创业企业更加依赖企业之间的商业信用、设备租赁等来自非金融机构的融资渠道以及民间的各种非正规融资渠道。

(二) 不同类型的创业企业融资特点

1. 制造业企业

制造业企业的资金需求量大,资金周转速度慢,经营活动和资金使用涉及的面较宽。因此,风险也相对较大,融资难度也较大一些。

2. 高科技企业

高科技型创业企业具有高投入、高成长、高回报、高风险的特征,而高成长、高回报是以高投入为前提的。因此,资金是支持高科技型中小企业从初创到成长的助推器,是高科技型中小企业成长的重要稀缺资源之一,资金筹措处于较其他传统行业中小企业更为突出的位置。

高科技企业在融资需求上的特点主要如下:

(1) 融资市场化。企业创业初期,自我积累的资金有限,不可能满足技术创新的高投入需求,必须从外部市场进行广泛的融资。

(2) 融资多元化。为了满足技术创新的融资需求,创业企业需要更多渠道筹集资金,建立完善的融资体系。

(3) 融资组合化。创业企业技术创新的风险产生于研究与开发活动的不确定性。这种风险的初始值最大,随着技术创新各个阶段的顺利发展而逐渐减少。

(4) 融资社会化。融资社会化是指创业企业的融资需要社会各方面的力量,特别是需要政府的引导和支持。

3. 服务型企业

服务型创业企业的资金需求主要是存货的流动资金贷款和促销活动上的经营性开支借款。

服务型企业在融资需求上的特点是数量小、频率高、贷款周期短、贷款随机性大,相对其他中小企业风险较小,因此是一般中小型商业银行比较愿意给予贷款的对象。

4. 社区型企业

社区型创业企业(包括社区手工工业)是一类比较特殊的中小企业,它们具有一定的社会公益性,因此比较容易获得政府的扶持型基金。另外,社区共同集资也是这类企业的一个重要的资金来源。

(三) 创业企业不同发展阶段的融资特点

任何一个创业企业从提出构想到企业创立、发展、成熟,存在一个成长的生命周期,一般分为种子期、创建期、生存期、扩张期、成熟期。不同发展阶段的中小企业对融资有不同要求,不同阶段所需资金有不同特点。

1. 种子期的融资特点

在种子期内,企业的创业者可能只有一个创意或一项尚停留在实验室还未完成的科研项目,创办企业也许还是一种梦想。在这个时期,创业者需要投入相当数量的资金进行研究开发,或者对自己的创意进行测试或验证。因此,种子期所需的资金并不多,投资主要用于新技术或新产品的开发、测试。在这个时期,如果这个创意或科研项目十分吸引人,很有可能吸引被西方称为"天使"的个人风险投资者。此外,中小企业的创业者也可以向政府寻求一些资助。种子期的主要成果是样品研制成功,同时形成完整的生产经营方案。

2. 创建期的融资特点

创建期的企业需要着手筹建公司,把研制的产品投入试生产,因此需要一定数量的"门槛资金",资金主要用于购买机器、厂房、办公设备、生产资料、后续的研发和初期的销售等,所需要的资金往往是巨大的。只靠创业者的资金往往是不能支持这些活动的,并且由于没有过去的经营记录和信用记录,从银行申请贷款的可能性也甚小。因此,这一阶段的融资重点是创业者需要向新的投资者或机构进行权益融资,而吸引机构风险投资者是非常关键的融资内容。创建期企业融资面临的风险仍然十分巨大。更为重要的是,机构风险投资者投资的项目太多,一般不会直接干预企业的生产经营活动,因而特别强调未来的企业能够严格按现代企业制度科学管理、规范运作,在产权上也要求非常明晰。从长远来说,它对企业是很有好处的,特别是对企业在未来的成功上市融资。

3. 生存期的融资特点

生存期的企业需要大力开拓市场,推销产品,因此需要大量资金。中小企业大多处于这个阶段,资金困难是中小企业在这一阶段面临的最大难题。产品刚投入市场,销路尚未打开,造成产品挤压,现金流出经常大于现金的流入。为此,企业必须非常仔细地安排每天的现金收支计划,稍有不慎就会陷入资金周转困难的境地中;同时还需要多方面筹集资金以弥补现金的短缺,此时融资组合显得非常重要。由于股权结构在公司成立时已确定,再想利用权益融资一般不易操作,此阶段的融资重点是充分利用负债融资。

4. 扩展期的融资特点

进入扩张期后,企业的生存问题已基本解决,现金入不敷出和要求注入资金局面已经扭转,企业要做的主要工作是进一步开发和加强行销能力。与此同时,企业拥有较为稳定的顾客和供应商以及比较好的信用记录,取得银行贷款或利用信用融资相对来说比较容易。但企业发展非常迅速,原有资产规模已不能满足需要。为此,企业必须增资扩股,注入大量的新的资本金。原有的股东如果出资最好,但通常情况下需要引入新的股东。此时,企业可以选择的投资者相对比较多。需要提醒的是,这一阶段融资工作的出发点是为企业上市做好准备,针对上市公司所需的条件进行调整和改进。

5. 成熟期的融资特点

在成熟期,企业已有自己比较稳定的现金流,对外部资金需求不像前面的阶段那么迫切。成熟期的工作重点是完成企业上市的工作。中小企业的成功上市,如同鲤鱼跳龙门,会发生质的飞跃。企业融资已不再成为长期困扰企业发展的难题。因此,从融资的角度上看上市成功是企业成熟的表现。同时,企业上市也可以使风险投资成功退出,使风险投资得以进入良性循环。由于国内主板过高的门槛和向国有企业、大型企业倾斜的政策,中小企业、民营企业比较适宜在二板市场上市,这也和二板市场主要针对中小企业的市场定位是相符合的。目前来看,中小企业上二板市场比较多。

三、创业企业融资困境

目前,创业企业融资的环境正在提升,但融资的实质性突破仍需要一个过程,创业企业融资仍然面临着一些困境。

1. 融资渠道有待拓宽

创业融资的渠道仍需进一步拓宽。目前,创业融资渠道仍然匮乏,大多以依赖自有资金和家庭借款,难以获得银行贷款、天使基金、融资租赁等融资渠道的支持。

2. 融资难且成本较高

银行贷款难问题突出,银行贷款本来可以成为创业者融资的重要渠道,却由于多种原因将创业者拒之门外。但是,创业企业在创业初期是很难获得银行的青睐,要从银行中获得融资是比较难的。目前,银行对中小企业的贷款多采取抵押或担保方式,不仅手续繁杂,而且企业为寻求担保或抵押,还要付出诸如担保费、抵押资产评估等相关费用。中小企业在融资过程中还要承受利率上的所有制歧视。它们享受不到政府和央行给予国有企业的利率优惠。在实行浮动利率时,对中小企业的浮动幅度也比国有企业高,少数金融机构还擅自或变相提高对中小企业的贷款利率。

3. 政策落地有待加强

支持创业的政策不断出台,政府对创业的支持力度也在不断加大,但是相关政策的落实力度需要加大。

(1)相关政策的宣传力度有待加强。各级政府相继制定了免息贷款、税收减免、创业指导与培训等一系列优惠政策,但是有调查情况显示,了解国家这些优惠政策的创业企业不到15%,真正受益的不到6%。

(2)相关政策落实机制有待优化。近年来,不少地方政府都颁布了一系列鼓励创业的政策,然而,有些政策在执行的过程中并不尽如人意。不少创业企业表示,虽然有政府的优惠政策,然而各种手续繁杂,登记注册等需要等待很长时间才能审批下来,贷款过程还是显得很艰难。比如,创业贷款申请手续也繁琐,且各地方创业贷款的申请细则不同;相关政策不够细化,可操作性不强的问题仍然不同程度存在;政府类创业基金申请程序复杂,限制条件多,且经费有限,难以成为扶持创业企业的中坚力量。

4. 信息瓶颈有待突破

创业者和外部潜在的投资者之间常常存在严重的信息不对称。创业者通常自己更了解创意、技术或者商业模式的情况,而外部投资者并不了解。一方面,投资者希望深入了解创业项目的信息。早期投资已越来越成为机构间的兵家必争之地。以前中后期投资被看成是稀缺资源,竞争关系早已趋于白热化,但现在这种趋势已蔓延到了早期。某外资基金合伙人说,现在投资真的是要像做销售一样要做很多的说服工作,要去跟企业讲自己过去的业绩、增值服务,才可能挤得进去。另一方面,创业者担心商业信息被泄露。仿制、盗版案例时有发生,创业者常常由于担心企业的知识产权被侵犯,不愿意过多告诉投资者相关的信息,导致投资者难以深入了解,这使得他们在极为有限的信息下,难以判断创业者项目的优劣。

习　题

单项选择题

创业企业比成熟大企业更依赖(　　)。

A. 内部融资　　　　　　　　　　B. 外部融资

C. 其他融资　　　　　　　　　　D. 多元融资

多项选择题

创业企业基本类型主要有(　　)。

A. 独立企业型　　　　　　　　　B. 合伙企业型

C. 公司企业型　　　　　　　　　D. 增员创业型

判断题

创业企业的债务融资表现出规模大、频率低和更加依赖流动性强的短期贷款的特征。

(　　)

第二节　融资需求评估方法

企业的融资需求评估方法主要有三个环节,分别是制定融资战略、撰写融资需求评估报告、企业融资估值方法。

一、制定融资战略

在开始融资前,企业需要对自身的融资需求做好评估分析工作,需要对企业的实际情况进行盘点和审视。

企业需要在分析融资战略的科学合理性的基础上,判断融资需求(用途)与企业战略的匹配性,企业融资战略需要有效为企业发展战略服务,而不是偏离或违背战略方向。

企业融资战略是企业发展策略的重要部分,已经成为推动企业发展策略的重要手段之一。企业融资战略是企业为了有效支持投资所采取的融资战略组合,不仅直接影响企业的获利能力,而且还影响企业的偿债能力和财务风险。为此,企业要积极分析融资环境,选择符合企业发展的融资方式,衡量融资成本和融资风险。

研究企业所处的财务管理环境,分析影响企业融资战略的因素,对于正确选择融资战略至关重要,也可以由此提高企业的价值。所以说,企业融资战略是企业发展战略中必不可少的组成部分。

制定恰当合适的企业融资战略,可以降低企业的融资成本,实现企业的有效理财,提高企业的经济效益。

因此,如何分析融资环境,选择企业的融资方式,衡量融资成本和融资风险,实现融资结构的最优化,是企业融资战略研究的重点。

企业融资战略分析主要有以下几个步骤。

(一) 企业发展战略分析

企业发展战略是企业融资战略的基础和导向,对企业融资战略起到指导作用,因此,对企业发展战略进行分析,是有效制定企业融资战略的基础。

1. SWOT 分析法

对企业发展战略的分析,最常用的是 SWOT 分析法。

SWOT 分析法是 20 世纪 80 年代初由美国旧金山大学的管理学教授韦里克提出,后经常被用于企业战略制定、竞争对手分析等。

SWOT 分析法是基于内外部竞争环境和竞争条件下的态势分析,是将与研究对象密切相关的各种竞争优势、竞争劣势、机会和威胁等,通过调查列举出来,并按照矩阵形式排列,然后用系统分析,从而将公司的战略与公司内部资源、外部环境有机地结合起来,加以分析,从中得出一系列相应的结论,而结论通常带有一定的决策性。

SWOT 分别是 S(strengths)优势、W(weaknesses)劣势、O(opportunities)机会、T(threats)威胁。

SWOT 分析法通过对内外部资源及环境的分析,把组织的优势(S)和劣势(W)与环境中的机会(O)与威胁(T)相配合,以使组织与环境相适应。企业通过对内外部优势和劣势的认识,来利用环境中的机会,克服可能遇到的威胁。在此基础上,可形成组织的四种战略,即 SO 战略(极大—极大),ST 战略(极大—极小),WO 战略(极小—极大),WT 战略(极小—极小)。

2. PEST 分析

PEST 分析是宏观环境分析,其中 P(politics)是政治,主要涉及政治制度、政府政策、国家的产业政策、相关法律及法规等。E(economy)是经济,主要涉及经济发展水平、规模、增长率、政府收支、通货膨胀率等。S(society)是社会,主要涉及人口、价值观念、道德水平等。T(technology)是技术,主要涉及高新技术、工艺技术和基础研究的突破性进展等。

3. 五力模型分析

五力模型分析是美国哈佛商学院教授迈克尔·波特(Michael Porter)于 20 世纪 80 年代初提出的。该模型认为行业中存在着决定竞争规模和程度的五种力量,这五种力量综合起来影响着产业的吸引力以及现有企业的竞争战略决策。五种力量分别是:同行业内现有竞争者的竞争能力、潜在竞争者进入的能力、替代品的替代能力、供应商的讨价还价能力、购买者的讨价还价能力。

4. 利益相关者分析

利益相关者分析是用于分析与客户利益相关的所有个人和组织，帮助客户在战略制定时分清重大利益相关者对于战略的影响。利益相关者是指与客户有一定利益关系的个人或组织群体，可能是客户内部的（比如雇员），也可能来自客户外部（如供应商或压力群体）。

5. 竞争者分析

竞争者分析是对竞争对手的现状和未来动向进行分析。其主要包括：识别现有的直接竞争者和潜在竞争者，收集与竞争者有关的情报和建立数据库，对竞争者的战略意图和各层面的战略进行分析，识别竞争者的长处和短处，洞察竞争者在未来可能采用的战略和可能作出的竞争反应。

6. 价值链分析

价值链分析也是由迈克尔·波特提出的。该模型认为，企业有许多资源、能力和竞争优势，如果把企业作为一个整体来考虑，又无法识别这些竞争优势，这就必须把企业活动进行分解，通过考虑这些单个的活动本身及其相互之间的关系来确定企业的竞争优势。企业通过在价值链过程中灵活应用信息技术，发挥信息技术的使能作用、杠杆作用和乘数效应，可以增强企业的竞争能力。

7. 雷达图

雷达图主要应用于企业经营状况——收益性、生产性、流动性、安全性和成长性的评价。这些指标的分布组合在一起非常像雷达的形状，故名雷达图。

8. 因果分析法

因果分析法是为确定引起某一现象变化原因的分析，主要解决"为什么"的问题。因果分析是在研究对象的先行情况中，把作为它的原因的现象与其他非原因的现象区别开来，或者是在研究对象的后行情况中，把作为它的结果的现象与其他的现象区别开来。

（二）融资需求合理性判断

企业融资合理性判断可通过依次回答下述几个问题来进行：

（1）企业为什么需要融资？

（2）不融资是否会影响企业的正常经营与发展？

（3）企业融资用途是否合理？

（4）企业的融资资金需要量是否合理？

（5）企业对未来是否进行过规划？

（6）企业在本行业中的地位如何？主要从企业的市场占有率、技术创新程度等指标入手，分析企业是否在行业内具有领先地位。

（7）企业对自身的盈利模式是否清晰？盈利模式是企业通过整合自身以及利益相关者资源而形成的实现价值创造、价值获取、利益分配的组织机制及商业架构，是对企业经营要素进行价值识别和管理。

（8）企业具有哪些核心的资源等？比如，特殊的供应商资源、销售渠道、融资渠道、核心管理团队等。

(三) 收集企业发展战略的分析时所需要的资料

这些资料主要包括如下内容：
(1) 企业的历史沿革，发展规划。
(2) 企业所在行业的发展状况，国家的有关产业政策。
(3) 企业在产业链中的位置，主要竞争对手情况。
(4) 企业的主营业务和主要赢利模式。
(5) 企业的优势、劣势、面临的风险及对策。
(6) 企业销售收入及收款情况，采购及付款情况。
(7) 企业拟投资项目及论证情况，投资完成情况。
(8) 企业资产总额及构成，负债总额及构成。

(四) 确定公司融资类型

企业融资类型分为如下几种。

1. 根据企业融资资金的来源渠道不同，分为权益融资和负债融资

企业的资金有两个来源：一方面是由企业所有者提供的资金，称为企业权益资金或自有资金，如企业通过发行股票、吸收直接投资和内部积累等方式所融资金；另一方面是由企业债权人提供的资金，称为负债资金或借入资金，如企业通过发行债券、向银行借款和融资租赁等方式所融资金。企业所有的资金由权益资金和负债资金两部分组成。

2. 根据企业融资资金的期限，分为短期资金融资和长期资金融资

短期资金是指使用期限在1年以内的资金，它主要用于满足企业流动资产周转中对资金的需求。短期资金一般包括短期借款、应付账款和应付票据等项目，主要通过短期借款、商业信用等方式来筹集。长期资金是指使用期限在1年以上的资金。长期资金主要通过吸收直接投资、发行股票、发行长期债券、长期银行借款、融资租赁和内部积累等形式来筹集。它是企业长期、持续、稳定地进行生产经营的前提和保证。

3. 根据融资资金的取得方式，分为内部融资和外部融资

内部融资是指企业利用自身的储蓄转化为投资的过程。它主要表现为内源性的资本积累，如企业留存收益和折旧。外部融资是指吸收其他经济主体的闲置资金，使之转化为自己投资的过程，如发行企业股票、债券、银行借款等。一般来说，企业在内部融资不能满足需要时，才会考虑外部融资。

4. 根据融资活动是否通过中介金融机构，分为直接融资和间接融资

直接融资是指资金供求双方通过一定的金融工具直接形成债权债务关系或所有权关系的融资形式，它无须经过中介金融机构而实现资金的转移。间接融资是指资金供求双方借助中介金融机构来实现资金融通的活动。两者最大区别就在于直接融资中资金短缺方不必通过中介机构获得资金，资金供需双方之间起纽带作用的是金融市场而不是中介机构。

二、撰写融资需求评估报告

(1) 融资需求评估工作过程描述和可行性判断。其主要分析：融资主体基础；资产基础；财务报表基础；融资资料基础；融资渠道资源基础；融资知识和经验基础；与融资服务机构的合作基础;企业管理团队品质与行为。

(2) 评估所依赖的资料基础。收集相关资料常用的方法有:从企业内部搜集现成的资料;通过高层访谈、打电话获取信息;填写调查表获取所需资料;到现场搜集资料;利用网络搜集相关资料;向企业外部发放调查表获取信息;向企业外部人员了解信息;通过外部现场观摩搜集资料等。

(3) 融资需求评估的基本假设、诊断、评估所用的方法。

(4) 对融资需求各要素的判断,包括融资与企业战略的匹配性、融资需求的合理性、融资的可行性、融资的基础条件等。

(5) 企业需要做的基础性工作建议。

(6) 融资目标实现的可能性综合评估结论或不能达成的原因说明。

三、企业融资估值方法

对目标企业价值的合理评估是在企业并购和外来投资过程中经常遇到的非常重要的问题之一。适当的评估方法是企业价值准确评估的前提。

企业价值评估是一项综合性的资产、权益评估,是对特定目的下企业整体价值、股东全部权益价值或部分权益价值进行分析、估算的过程。目前国际上通行的评估方法主要分为收益法、成本法和市场法三大类。

(1) 收益法通过将被评估企业预期收益资本化或折现至某特定日期以确定评估对象价值。其理论基础是经济学原理中的贴现理论,即一项资产的价值是利用它所能获取的未来收益的现值,其折现率反映了投资该项资产并获得收益的风险的回报率。收益法的主要方法包括贴现现金流量法、内部收益率法、capm 模型和 eva 估价法等。

(2) 成本法是在目标企业资产负债表的基础上,通过合理评估企业各项资产价值和负债从而确定评估对象价值。理论基础在于任何一个理性人对某项资产的支付价格将不会高于重置或者购买相同用途替代品的价格。主要方法为重置成本(成本加和)法。

(3) 市场法是将评估对象与可参考企业或者在市场上已有交易案例的企业、股东权益、证券等权益性资产进行对比以确定评估对象价值。其应用前提是假设在一个完全市场上相似的资产一定会有相似的价格。市场法中常用的方法是参考企业比较法、并购案例比较法和市盈率法。

收益法和成本法着眼于企业自身发展状况。不同的是收益法关注企业的盈利潜力,考虑未来收入的时间价值,是立足现在、放眼未来的方法,因此对于处于成长期或成熟期并具有稳定持久收益的企业较适合采用收益法。成本法则是切实考虑企业现有资产负债,是对企业目前价值的真实评估,所以在涉及一个仅进行投资或仅拥有不动产的控股企业,以及所评估的企业的评估前提为非持续经营时,适宜用成本法进行评估。

市场法区别于收益法和成本法,将评估重点从企业本身转移至行业,完成了评估方法由内及外的转变。市场法较之其他两种方法更为简便和易于理解。其本质在于寻求合适标杆进行横向比较,在目标企业属于发展潜力型同时未来收益又无法确定的情况下,市场法的应用优势凸显。

习 题

单项选择题

1. 五力模型分析是美国哈佛商学院教授（　　）于 20 世纪 80 年代初提出的。
   A. 哈利·波特　　　　　　　　　B. 迈克尔·波特
   C. 保罗·艾伦　　　　　　　　　D. 迈克尔·乔丹
2. 根据融资资金的取得方式，企业融资类型可以分为（　　）。
   A. 内部融资和外部融资　　　　　B. 权益融资和负债融资
   C. 直接融资和间接融资　　　　　D. 短期资金融资和长期资金融资

多项选择题

1. 企业的融资需求评估方法主要的环节有（　　）。
   A. 制定融资战略　　　　　　　　B. 撰写融资需求评估报告
   C. 企业融资估值方法　　　　　　D. 融资风险评估
2. 下列选项中，由迈克尔·波特提出的有（　　）。
   A. PEST 分析　　　　　　　　　B. 五力模型分析
   C. 利益相关者分析　　　　　　　D. 竞争者分析
   E. 价值链分析

第三节　融资方案策划

企业如果要进行融资，需要对融资方案进行研究，需要充分调查企业的运行和投融资环境基础，需要向政府、各种可能的投资方、融资方征询意见，不断地修改完善融资方案，最终拟定出一套或几套可行的融资方案。最终提出的融资方案应当是能够保证公平性、融资效率、风险可接受、可行的融资方案。

一、融资方案策划的步骤

（一）编制资金筹措计划方案

在前期研究后的研究成果最终应形成一套完整的资金筹措方案。

一个完整的资金筹措方案，主要由两部分内容构成：①编制项目资金来源计划表。需要说明资本金及债务融资资金来源的构成，每一项资金来源条件的详尽描述，以文字和表格加以说明。②编制投资使用与资金筹措计划表，使资金的需求与筹措在时序、数量两方面都能平衡。

（二）资金结构分析

融资的渠道是多样的，将多渠道的资金按照一定的资金结构结合起来，是融资方案制定的主要任务。

在融资方案的设计及优化中，资金结构分析是一项重要内容。

资金结构是指筹集资金中股本资金、债务资金的形式、各种资金的占比、资金的来源。它包括资本金与负债融资比例、资本金结构、债务资金结构。

资金结构的合理性和优化是由公平性、风险性、资金成本等多方因素决定。融资方案的资金结构分析应包括如下内容：

(1) 总资金结构：无偿资金、有偿股本、准股本、负债融资分别占总资金需求的比例。
(2) 资本金结构：政府股本、商业投资股本占比、国内股本、国外股本占比。
(3) 负债结构：短期信用、中期借贷、长期借贷占比、内外资借贷占比。

(三) 融资风险分析

在融资方案的设计中需要考虑融资风险。融资可能由于潜在的投资人或贷款人没有按预定方案出资而使融资计划失败，可能是因为潜在的出资人没有足够的出资能力，也可能是对于潜在的出资人来说，项目没有足够的吸引力或者风险过高。

融资方案中需要设计项目的补充融资计划，如果出现融资缺口时应当有及时取得补充融资的计划和能力。融资风险分析主要涉及出资能力、出资吸引力、再融资能力、融资预算的松紧程度、利率及汇率风险等。

(四) 融资成本分析

融资成本是由于资金的使用权和所有权相互分离的产物，它是指企业在取得资金之后需要付出的代价，又被称为用资成本。融资成本可以分为两个阶段，前一个阶段是融资过程中发生的费用，可以称之为融资费；后一个阶段是使用资金给予投资方的报酬费用，可以称之为融资使用费。两者之间的差额为融资净额，也即是企业实际能使用的资金。

(五) 融资方案的优化

1. 进行融资收益与成本的比较

中小企业在进行融资之前，首先应考虑企业是不是必须融资、融资后的收益如何等。因为融资则意味着需要成本。只有经过深入分析，对融资的收益与成本进行仔细的比较，确信利用资金所预期的总收益要大于融资的总成本时，才有必要考虑如何融资。这是企业进行融资决策的首要前提。

2. 选择适合企业不同发展阶段的融资方式

在对融资收益与成本进行比较之后，认为确有必要融资时，就需要考虑选择什么样的融资方式。在中小企业创业初期，其融资方式基本上选择的都是股权融资。真正获得第一笔外部股权融资的可能是出于战略发展目的又非常熟悉该投资行业的个人或企业的"天使"资金，也就是风险投资的早期资金。

在此基础上，企业可以寻求其他创业投资公司等机构的股权融资。待中小企业发展到一定时期和规模以后，就可以选择债权融资。债权融资主要来自金融机构，包括商业银行和财务公司等。

3. 合理确定融资规模

企业在筹集资金时，需要确定企业的融资规模。筹资过多，可能造成资金闲置浪费，增加融资成本；也可能导致企业负债过多，超出其承受能力，导致偿还困难，增加经营风险。

如果筹资不足，又会影响企业投融资计划和其他业务的正常发展。因此，中小企业在进行融资决策时，要根据企业对资金的需要、企业自身的实际条件以及融资的难易程度和成本情况,量力而行,来确定企业合理的融资规模。

企业所需要的融资规模可以通过定性或定量的方法来测算。

定性预测法是利用直观的材料,主要凭借个人经验,进行主观判断和分析,对融资的需要量作出预测。这种方法一般是在企业缺乏完备、准确的历史资料情况下进行的。

定量测算法是企业常规的融资测算方法,比如销售百分比法。财务预测销售百分比法是假设收入、费用、资产、负债与销售收入存在稳定的比例关系,因此根据预测销售额和相应的权重,来预测资产、负债和所有者权益,利用会计等式确定融资需要量。

4. 制定最佳融资期限

企业融资按照融资期限来划分,可分为短期融资和长期融资。企业进行融资决策,要充分考虑融资期限。要在短期融资与长期融资之间进行权衡比较,以制定最佳融资期限结构。因为融资期限直接影响到资金的成本,进而影响到企业的效益。当然,这主要取决于融资的用途和融资人的风险性偏好。

从资金用途上来看。如果融资是用于企业流动资产,则根据流动资产具有周转快、易于变现、经营中所需资金数额较小及占用时间短等特点,宜于选择各种短期融资方式,如商业信用、金融机构短期贷款等。如果融资是用于长期投资或购置固定资产,则由于这类用途要求资金数额大、占用时间长,因而适宜选择各种长期融资方式,如长期贷款、企业内部积累、租赁融资、发行债券、发行股票等。

从风险性偏好角度来看。在做融资期决策时,可以根据融资人风险性偏好的不同,采取配合型、激进型、稳健型等不同的融资策略。配合型融资策略是,对于临时性流动资产,运用临时性负债融资满足其资金需要;对于永久性资产,运用长期负债、自发性负债和权益资本融资满足其资金需要。激进型融资策略是,用临时性负债不仅满足流动资产的资金需要,还解决部分永久性资产的资金需要。稳健型融资策略是,企业不仅用长期资金满足永久性资产,还用于解决一部分甚至全部流动性资产。在这三种融资策略中,配合型融资策略风险与成本、收益适中;激进型融资策略风险大、成本小、收益大;稳健型融资策略风险小、成本大、收益小。

5. 谨慎对待企业的控制权

企业在融资时,经常会发生企业控制权与所有权的部分或者直接丧失。这不仅直接影响到企业生产经营的自主性、独立性,而且会引起企业利润分流,使得原有股东的利益遭受巨大损失,甚至可能会影响到企业的近期效益与长远发展。

债权融资和股票融资两种方式相比较,新增股权会削弱原有股东对企业的控制权;而债权融资则只增加企业的债务,并不影响原有股东对企业的控制权。因此,在考虑融资的代价时,不能一味只考虑成本。当然,在某些特殊情况下,也不能一味固守控制权不放。例如,对于一个急需资金的小型高科技企业,当它在面临某风险投资公司较低成本的巨额投入,但要求较大比例控制权,而此时企业又面临破产的两难选择时,一般来说,企业还是从长计议,在股权方面适当作出让步。

二、常见的融资渠道

(一)银行信贷资金

银行对企业的各种信用贷款,是我国目前各类企业最为重要的资金来源。

目前,主要有两类银行提供贷款,一类是商业银行,包括中国工商银行、中国农业银行、中国建设银行、中国银行等国有控股银行,以及为数众多的全国性及地方性的商业银行,如交通银行、华夏银行、民生银行等,它们根据一定的原则为各类企业提供短期和长期贷款;另一类是政策性银行,如中国农业发展银行、中国进出口银行,它们为特定企业提供政策性贷款。

(二) 非银行金融机构资金

非银行金融机构主要包括信托投资公司、租赁公司、保险公司、证券公司、企业集团的财务公司等,它们有的承销证券,有的融资、融物,有的为了特定目的而积聚资金。这些机构通过一定的途径或方式为一些企业直接提供部分资金或为企业融资提供服务。这种融资渠道的财力比银行小,但资金供应比较灵活方便。

(三) 资本市场

目前,我国可以为企业提供资金的资本市场主要是股票市场和债券市场。股票市场是已经发行的股票转让、买卖和流通的场所,包括交易所市场和场外交易市场两大类别。债券市场是发行和买卖债券的场所。

(四) 其他企业资金

企业在生产经营过程中,往往会形成部分暂时闲置的资金,可在企业之间相互调剂使用。其他企业投入资金的方式包括联营、入股、债券及各种商业信用,既有长期稳定的联合经营,又有短期临时的资金融通。

(五) 居民闲置资金

过去,居民的闲置资金大都通过银行再流入资本需求者手中。现在,由于社会公众承担风险的能力有所提高,加上存款利率不断下调,社会公众也开始选择投资方式,股票、债券、基金这些直接融资方式逐步为社会公众所接受。把社会上的闲置消费资金集中起来,对企业也是一个越来越重要的企业融资渠道。

(六) 国家财政资金

国家财政资金是指国家以财政拨款的方式投入企业的资金。改革开放以前吸收国家投资是我国国有企业获得自有资本的主要来源。

目前,除了原有企业的国家拨款和流动基金以外,还有用投产后利润偿还基建借款所形成的固定基金,以及国家财政和企业主管部门拨给企业的专用拨款。

随着我国市场经济的进一步发展,尽管国家财政资金在企业自有资金中的比例越来越小,但对于基础性产业、公益性产业等而言,国家财政资金仍然是企业融资的十分重要的渠道。

(七) 国外及境外资金

国外及境外资金可以划分为三类:银行信贷资金、政府贷款资金、企业及民间资金。

改革开放以来,外商资本流入国内的频率和流量年年增加。利用外资是许多资金短缺国家尤其是发展中国家弥补资本不足、促进本国企业资本积聚和集中、推动经济腾飞的重要手段之一。从资金来源上,境外资金可分为外国政府贷款、国际金融组织贷款及境外民间资金。目前,我国已批准中外合资经营企业、中外合作经营企业和外商独资企业几十万家,每年利用外商直接投资金额达上千亿元。另外,可通过补偿贸易、出口信贷、国际资本信贷、项目融资等方式引进境外民间资金。

同一渠道的资金来源可以利用不同的融资方式来获得,同一融资方式又可适用于不同的融资渠道,如居民储蓄是资金来源,可以通过发行股票、发行债券等不同融资方式取得;发行债券融资方式则可以通过个人储蓄、企业储蓄资金及外资等渠道实现。

(八) 企业自留资金

企业自留资金又称企业内部积累、企业内部留存,主要是指企业利用留用利润转化为经营资本,主要包括提取公积金和未分配利润。另外,企业计提折旧费形成的折旧基金、经常性延期支付款项,也是企业的一项资本来源。企业在生产经营过程中,由于资本运动的规律性和市场情况的变化,往往会有部分暂时闲置甚至长期闲置的资本,如固定资产重置前已提折旧基金、未动用的企业留存利润等,都可以在企业之间进行有偿调剂。调剂形式多种多样,可以入股、发行债券、拆借及各种商业信用。市场经济越发达,这种融资渠道也越畅通,越有强大的生命力。

习 题

单项选择题

1. 融资方案策划的第一步是( )。
   A. 资金结构分析　　　　　　B. 编制资金筹措计划方案
   C. 融资成本分析　　　　　　D. 融资方案的优化
2. 融资成本是由于资金的( )和所有权相互分离的产物。
   A. 使用权　　　　　　　　　B. 股权
   C. 占有权　　　　　　　　　D. 收益权

多项选择题

以下选项中,属于常见的融资渠道的有( )。
A. 银行信贷资金　　　　　　B. 非银行金融机构资金
C. 资本市场　　　　　　　　D. 其他企业资金
E. 居民闲置资金

第六章　投资与融资风险管理

学习目标

1. 了解融资风险的基本概况及管理措施。
2. 了解投资风险的基本概况及管理措施。

第一节　投资风险管理

一、投资风险管理的概念

投资风险管理是指企业通过风险识别、风险衡量、风险评价和风险应对,采用多种管理方法、技术和工具,对投资活动所涉及的各种风险实施有效的控制和管理,采取主动行动,尽量使风险事件的利益最大化,而使风险事件所带来的损失最小化,以最低的成本保证投资安全、有效、可靠地实施,从而实现投资总体目标。

企业需要通过其投资行为发展壮大自己,企业无论是通过购买债券、股票进行投资,还是向其他单位进行实物、无形资产、货币资金等投资,都会给企业带来不同程度的投资风险。因此,为保证企业稳定经营与发展,企业必须加强针对投资活动的风险管理和防范,找到降低投资风险的方法和途径,使企业的投资行为变得更加合理。

二、投资风险产生的原因

投资风险之所以产生的主要原因如下。

(一) 投资决策失误,盲目实施投资

企业在投资过程中需要对投资项目进行科学合理,对标的物要进行严格的实地考察,确保内外环境一致,避免信息缺失。

因为内部管理结构体系等原因,企业无法对投资问题进行全面考虑,从而会导致企业在决策上出现失误。由于企业管理者自身素养的原因,企业在投资上管理混乱,导致资金不足、利润较低等情况。

如果企业无法对投资中出现的问题进行适当的处理,就会导致企业的投资利益受到损害,情况严重时甚至可能会导致企业无法依照计划进行有效运营。

(二) 银行利率变动所导致的风险

银行利率会受到国家货币政策、财政政策、税收政策等各方面因素的影响。因此,银行

利率并非一成不变,它具有很大的不稳定性。银行利率的变动将会对企业的收益状况产生较大影响。

对于企业来说,国家的宏观政策、市场的变化都会对银行利率变化造成影响,而企业对利率风险管理上存在经验的不足。

(三)风险投资制度不完善

不完善的风险投资制度,将会使企业无法搭建风险资本和企业之间的桥梁。它会使企业在经营过程中无法有效进行资本运作,助推企业快速发展。

三、投资风险管理的原则

投资风险管理的首要目标是避免或减少投资损失的发生,为达到这一目标,企业在投资风险管理时应遵循以下几项原则。

(一)整体性原则

整体性原则要求企业的投资决策部门要从投资整体上来考虑各项风险因素。企业投资者在进行投资决策时,要对投资所涉及的全部内容有充分的了解和把握,深入分析影响整体投资的各项风险因素及各风险因素之间的互相关系,特别要对其所选择的特定投资品种风险的特殊性有全面的理解,全面预测投资期间这些风险因素变化可能造成的损失,充分考虑自己的最高风险承受能力,选择合适的投资对象,并采取合适的风险管理策略。

同时,整体性原则要求投资风险管理不能局限于一时一事的风险,而应从投资的内容和时间的整体性上来把握风险因素及其变化。

(二)经济性原则

企业的投资决策部门在制定风险管理计划时要以总成本最低为总目标,也就是说,投资风险管理要考虑成本,需要以最合理、最经济的方式处置安全保障目标。这就要求投资风险管理人员对各种效益和费用进行科学分析和严格核算。

(三)全程管理原则

投资的不同阶段,具体的风险因素是不同的。因此,投资风险管理要求企业的投资决策部门必须时刻关注风险,针对不同的风险因素采用不同的风险管理方法。

一般来说,投资风险管理可以分为四个阶段:第一阶段,筛选投资目标,评估不同目标会带来的风险;第二阶段,确定投资目标,目标确定后,风险管理范围也随之确定;第三阶段,根据目标,确定相应的投资策略,投资策略的每一步都与风险管理相关;第四阶段,操作过程中的风险管理。

四、投资风险管理的程序

投资风险管理的程序主要包括识别投资风险、衡量投资风险、评价投资风险、应对投资风险和监控投资风险。

(一)识别投资风险

识别投资风险是投资风险管理的首要环节,是感知和发现风险的过程。投资风险识别需要企业的投资决策部门在进行实地调查研究之后,运用各种方法对潜在的、已知的、未知的各种风险进行系统归类,并总结出企业投资项目面临的所有投资风险,它是投资风险衡量的前提与基础。

(二) 衡量投资风险

衡量投资风险是在识别投资风险的基础上，通过对大量的、过去损失资料的定量分析，估测出发生风险的概率、造成损失的比例。衡量投资风险以损失频率和损失程度为主要预测指标，并据此确定风险的高低或者可能造成损失程度的大小。

(三) 评价投资风险

评价投资风险是在衡量投资风险量的基础上，对引发风险事故的风险因素进行综合评价，并以此为根据确定合适的应对风险策略。评价投资风险的目的是为选择恰当的风险处理方法提供依据，风险评价也是风险管理部门对风险综合考察的结果。

(四) 应对投资风险

在衡量、评价投资风险之后，企业必须选择适当的应对投资风险的策略、方法，即根据评价投资风险的结果，选择应对投资风险的策略。应对投资风险的策略选择的原则是支付的费用最小、获得的收益最大。选择合适的应对投资风险策略，既可以减少投资风险的发生，又可以控制损失、降低损失。

(五) 监控投资风险

监控投资风险是通过对识别、衡量、评价和应对风险进行全过程的监视和控制，从而保证投资风险管理能达到预期目标，它是风险管理过程中的一项重要工作。监控投资风险的主要任务有两个：一是跟踪已识别风险的发展变化情况；二是根据风险的变化情况调整风险管理的相关内容，并关注新增风险的应对。

五、案例：法国兴业银行的投资风险

法国兴业银行(Societe Generale)是法国最大的商业银行集团之一，总行在巴黎。它创建于1864年5月，全称为法国促进工商业发展总公司，是有着近150年历史的老牌欧洲银行和世界上最大的银行集团之一，最初是私营银行，1946年被国有化，1979年国家控制该行资本的93.5%，后转为全额控制。1983年改现名。它分别在巴黎、东京、纽约的证券市场挂牌上市。2018年7月19日，在2018《财富》世界500强排行榜上，法国兴业银行位列121位。2019年7月，在2019《财富》世界500强排行榜上，位列174位。

法国兴业银行在改革开放后即进入我国：1981年，法国兴业银行在北京开设代表处。目前，法国兴业银行已在北京、广州、上海、天津、武汉、杭州、哈尔滨开设有7家分行，另在北京、上海各设有1家支行，是在中国设立分支机构最多的国际大银行之一。

法国兴业银行的金融服务覆盖面从传统的商业银行到专业的投资银行，同时建立起世界最大衍生交易市场领导者的地位，也曾一度被认为是世界上投资风险控制最为出色的银行之一。

2008年1月，这个世界上投资风险控制最为出色的银行却因一名期货交易员而蒙羞。交易员杰罗姆·凯维埃尔在未经授权情况下大量购买欧洲股指期货，形成49亿欧元(约71亿美元)的巨额亏空，创下世界银行业迄今为止因员工违规操作而蒙受的单笔最大金额损失。

此事还因此触发法国乃至整个欧洲的金融震荡，并波及全球股市暴跌，无论从性质还是

规模来说，都堪称史上最大的金融悲剧。

杰罗姆·凯维埃尔于 2000 年进入法国兴业银行工作，起先在监管交易的中台部门工作 5 年，负责信贷分析、审批、风险管理、计算交易盈亏，积累了关于风险控制流程的丰富经验。2005 年调入前台部门，加入全球股权衍生品方案部，从事的是与客户非直接相关、用银行自有资金进行套利的业务。

2008 年 1 月 24 日，法国兴业银行在一份公开的电子邮件声明中声称，该行上周末发现旗下巴黎的一名交易员杰罗姆·凯维埃尔秘密建立欧洲股指期货相关头寸，该银行交易员进行的交易未经授权，此举超出其职务允许的范围，相关的投资将对法国兴业银行造成 49 亿欧元（约合 71 亿美元）的损失。

调查发现，从 2007 年到事发，在长达 1 年多里，杰罗姆·凯维埃尔在欧洲各大股市上投资股指期货的头寸高达 500 亿欧元，超过法兴银行 359 亿欧元的市值。其中，道琼斯欧洲 Stoxx 指数期货头寸 300 亿欧元，德国法兰克福股市 DAX 指数期货头寸 180 亿欧元，英国伦敦股市《金融时报》100 种股票平均价格指数期货头寸 20 亿欧元。

杰罗姆·凯维埃尔采用真买假卖的手法，把套汇的短线交易做成长线交易，并使用多种手段逃过监管。套汇交易指在一个市场买入资产，同时或几乎同时在另一个市场售出，以期从不同市场的差价中获得利润。根据银行授权，杰罗姆·凯维埃尔在购买一种股指期货产品的同时，卖出一个设计相近的股指期货产品，实现套利或对冲目的。

根据法国兴业银行调查，从 2006 年后期起，杰罗姆·凯维埃尔买入一种金融产品后，并不同时卖出。为掩盖建仓痕迹，他同期"虚拟"卖出。在银行风险经理们看来，买入金融产品的风险已经通过卖出得到对冲，但实际上那些头寸成了长期投机。

综观杰罗姆·凯维埃尔的作案手法，可以概括为侵入数据信息系统、滥用信用、伪造及使用虚假文书等多种欺诈手段联合实施的立体作案。

为确保虚假的操作不被及时发现，杰罗姆·凯维埃尔利用多年来处理和控制市场交易的经验，连续地屏蔽法国兴业银行对交易操作性质进行的检验、监控，其中包括是否真实存在这些交易的监控。

在买入金融产品时，杰罗姆·凯维埃尔刻意选择那些没有保证金补充警示、不带有现金流动和保证金追缴要求，以及不需要得到及时确认的操作行为，巧妙地规避了资金需求和账面不符的问题，大大限制了虚假交易被检测到的可能性。

尽管风险经理曾数次注意到杰罗姆·凯维埃尔投资组合的异常操作，但每次杰罗姆·凯维埃尔称这只是交易中常见的一个"失误"，随即取消了这笔投资，而实际上他只是换了一种金融工具，以另一笔交易替代了那笔被取消的交易，以规避相关审查。

此外，杰罗姆·凯维埃尔还盗用他人电脑账号，编造来自法国法兴银行内部和交易对手的虚假邮件，对交易进行授权、确认或者发出具体指令，以掩盖其越权、违规行为。

健全、有效的投资风险管理系统对欺诈、舞弊和非法行为，具有防止、发现和纠正功能。法国法兴银行的内部控制之所以不能防止令人触目惊心的交易欺诈发生，主要在于设计上的严重缺陷。在技术发展迅速、交易系统日益复杂的趋势下，只依据过往的经验来拟定风险控制方法，不能适时地、前瞻性地展现出环境适应性和契合性，是法国法兴银行难以有效地觉察出欺诈行为的重要原因。

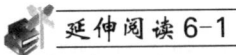
延伸阅读6-1

光大乌龙指带给我们什么教训（节选）

一直在低迷之中苦寻突围之路的中国股市突然被打了一剂强心针，但很快被证明是一场闹剧。

光大证券的"乌龙指"搅动了投资者、交易所和监管机构。尘埃尚未落定，各方仍在热议。我们可以学到什么教训呢？

首先，只要投资决定是人做出的，错误就可能发生。"乌龙指"的可怕之处，是错误的瞬间决定会被实施。这种错误不是新兴资本市场的专利；反之，此前几次有名的"乌龙指"都发生在最发达的股票市场里。2005年12月8日，日本瑞穗证券公司的一名交易员在执行客户交易时，错误地将客户要求的"以每股61万日元卖出1手"敲成"以每股1日元卖出61万手"。尽管此后瑞穗大量回购股票，但还是至少蒙受了270亿日元（2.25亿美元）的损失。

其次，有人可能会问，如果用计算机程序预设交易，是否就会避免人类犯类似的错误？不幸的是，答案是否定的。美国股市历史上最大的单日跌幅发生在1987年10月19日。在这个"黑色星期一"，道琼斯指数跌幅达23%。一般认为，这个创纪录跌幅的最大原因就是程序化交易。当时美国流行一种叫组合保险的投资策略，其要义是在股市下跌的过程中逐渐卖出或做空股票。很多华尔街的券商/投资公司都通过程序化交易替客户开发了这个类似止损的产品。不幸的是，当很多投资者都同时在执行"组合保险"策略的时候，大量的卖盘让股市跌得更快，而这个更快的跌势又触发更多的卖盘。类似的，光大"乌龙指"之所以能撬动股指5%的涨幅，一个可能原因就是程序化交易的跟风。

程序化高频交易也在2010年5月6日造成了美国历史上最大的单日点数跌幅。那天一个对冲基金交易员为了对冲股票风险，提交了41亿美元的股指期货卖单。大量的程序化交易自动跟进，造成股指期货的迅速下跌；在股指期货和股指之间套利的程序化交易进而跟进，造成了股指的下跌。这天道琼斯指数下跌约9%（998.5点），上万亿美元的财富瞬间消失，其中7%发生在15分钟内。

美国证交会在5个月后的调查报告中指出："这个市场是如此分散和脆弱，以至于一个大的交易就可以把它送入漩涡。"而股指止跌的原因是芝加哥商品交易所的"熔断机制"被触发，期货交易中断了5秒钟，从而结束了下行趋势。那些感叹光大70亿元可以撬动中国股市的投资者，也许可以从40亿美元让上万亿美元消失的美国股市得到安慰。这个故事告诉我们，即便中国股市再完善，乌龙指及其对市场的冲击还是可能发生。

既然乌龙指不可能完全避免，那么监管者和交易所能做什么呢？为改进风控，美国证交会在2010年更新了"熔断机制"。按照新规定，一般股票如果在5分钟内价格变动达到或超过10%，将被暂停交易5分钟。这个机制的实质不是为了预防乌龙指，而是为了切断乌龙指效果的自动传播和放大。

最后，光大事件最重要的收获，可能是让我们重温巴林银行的悲剧。错误的投资交易，无论是有意还是无意，都可能给投资者带来巨大损失，而如果没有合理的风控，犯错误者一再掩盖，无意的错误就有可能转化成有意的赌博。1995年，世界上最古老的商业银行——

巴林银行——就是被这种转化拖垮的。

巴林银行的倒闭源自1992年其期货与期权交易部门两位交易员犯下的"乌龙指",一次20份期货把买当作了卖,一次100份期货把卖当作了买。其部门总经理里森将错就错,一方面掩盖错误,一方面通过自营账户大规模下注,试图挽回损失。结果越走越远,其损失从一开始的2万英镑增加到1995年2月23日的8.27亿英镑,是巴林银行全部的股份资金的两倍。这个伦敦最古老的、曾经为英国皇室服务的商业银行终于倒闭。

在里森从"乌龙指"蜕变成一个疯狂赌徒的过程中,最触目惊心的是公司风控的缺位。里森本来的任务是代巴林客户买卖衍生性商品、清算并替巴林通过套利交易赚取低风险利润,基本上没有太大的风险。一般银行给予交易员持有一定额度的风险部位的许可,但通过清算部门每天的结算工作来掌握和控制风险。不幸的是,里森却一人身兼交易与清算二职,这使得里森的错误不能被很快发现。即便里森掩藏错误交易难以被发现,他在疯狂赌博时必须通过总部得到大量资金来追加保证金,这个行为也就无法被掩盖住,而巴林银行对此采取的态度是默许和容忍。

里森在事发后说:"有一群人本来可以揭穿并阻止我的把戏,但他们没有这么做。我不知道他们的疏忽与罪犯级的疏忽之间界限何在,也不清楚他们是否对我负有什么责任。但如果是在任何其他一家银行,我是不会有机会开始这项犯罪的。"

巴林银行已经倒闭18年,但这个经典案例囊括了交易风险的大部分元素,包括无心的"乌龙指",为"补偿"乌龙指损失进行的高风险赌博,看似科学、复杂的套期保值金融工具背后的巨大风险,公司对交易员交易额度的失控,交易与清算不分带来的监管漏洞,公司治理缺失带来的赌徒孤注一掷,最后以银行倒闭壮烈收场。

资料来源:陈龙:《华尔街时报》,2013年8月21日。

习　题

单项选择题

厦门某饮料厂受可口可乐公司经营模式的启发,拟投资茶叶浓缩液项目,但在寻找合作投资伙伴时失败,其主要原因是(　　)。

A. 项目本身的收益率低

B. 该饮料厂本身没有具备一定的优势

C. 项目所在地的投资环境不好

D. 没有合适的合作投资伙伴

多项选择题

投资风险管理的程序主要包括(　　)

A. 识别投资风险　　　　　　　　B. 衡量投资风险

C. 评价投资风险　　　　　　　　D. 应对投资风险

E. 监控投资风险

第二节 融资风险管理

所有企业在发展的过程中,如果需要进一步发展,就会面临资金不足的情况,若要扩大再生产,就需要考虑融资。融资既包括整个企业的融资,也有针对企业中某个具体项目的融资。

融资实质上是使企业及其内部各环节之间资金供求由不平衡到平衡的运动过程。在企业或项目面临资金短缺时,能以最小的代价筹措到适当期限、适当额度的资金,以满足发展需要,即为融资的目的。

一、企业融资的风险

由于以下一些原因,企业在融资过程中资金供求关系会产生不平衡,由此造成风险:

(1) 资金来源具有不确定性。企业的资金除去自有资金以外都需要向外界筹集,如果企业不能及时、足额地从外界筹集到所需资金,必定会给企业生产经营活动带来不可预估的风险。

(2) 融资渠道具有多样性。企业融资渠道是多种多样的,既可以通过债权的方式,也可以通过股权的方式,来源形式主要可以有国家财政资金、银行信贷资金、非银行金融机构资金、其他企业资金、居民个人资金和企业自留资金等。如果融资渠道选择不当,就会增加融资成本,影响企业经济效益,给企业带来风险。

(3) 融资成本的高增长性。由于各种因素的影响,企业融资成本随着时间的增加有不断上升的趋势。如果企业经营管理不善,对融资成本增加趋势的影响估计不足,会导致决策失误,也就无法实现预期融资目标,会给企业的信誉带来不可估量的损失,造成巨大的风险。

(4) 汇率的变动性。企业借入外汇资金时,会由于汇率的提高而增加支出,减少利润,同时带来融资风险。

二、项目融资的模式

企业融资对矿业、发电、高速公路、机场、港口等基础设施建设项目和其他建设规模大并具有预期稳定收益的项目,一般会采用项目融资的方式。

项目融资是 20 世纪 70 年代后国际金融市场推出的一种新型融资方式,它以项目的资产和预期收益对外承担债务偿还责任,因此它能以较少的资本金获得数倍于资本金的贷款。

项目融资的模式主要如下。

(一) BOT 模式

BOT(Build-Operate-Transfer)模式是指国内外投资人或财团作为项目发起人,从某个国家的地方政府获得基础设施项目的建设和运营特许权,政府允许其在一定时期内筹集资金,组建项目公司,负责项目建设的融资、设计、建造和运营。

通过 BOT 模式融资,能够减少项目对政府财政预算的影响,政府可以集中资源,对那些不被投资者看好但又对地方政府有重大战略意义的项目进行投资。同时,把民营企业中的效率引入公用项目,能够保持市场机制发挥作用,可以极大地提高项目建设质量并加快项目建设进度。同时,政府也将全部项目风险转移给了企业发起人。

国际上,如英法海峡隧道建设即采用 BOT 模式:英法海峡隧道是由政府授予欧洲隧道(Eurotunnel)公司 55 年的特许期(1987—2042,含建设期 7 年),工程总投资 103 亿美元。而欧洲隧道公司是由英国的海峡隧道集团、英国银行财团、英国承包商以及法国的 France-Manehe 公司、法国银行财团、法国承包商等 10 个单位组成。特许权协议于 1987 年签订,该工程于 1993 年建成。

我国第一个采用 BOT 模式的基础设施项目是 1984 年由香港合和实业公司、中国发展投资公司等作为承包商在深圳建设的沙头角 B 电厂。其后,我国广东、福建、四川、上海、湖北、广西等地也出现了一批 BOT 项目,诸如广深珠高速公路、重庆地铁、上海延安东路隧道复线、武汉地铁、北海油田开发等。

(二) TOT 模式

TOT(Transfer-Operate-Transfer)模式是指政府与投资者签订特许经营协议后,把已经投产运行的可收益公共设施项目移交给民间投资者经营,由其进行运营管理。政府凭借该设施在未来若干年内的收益,一次性地从投资者手中融得一笔资金,投资者在约定的期限内通过经营收回全部投资并得到合理的回报,双方合约期满之后,投资人再将该项目交还政府部门或原企业的一种融资方式。

(三) PPP 模式

PPP(Public Private Partnership)模式是指政府与企业合作模式,是公共基础设施的一种项目融资模式。在该模式下,鼓励企业与政府进行合作,参与公共基础设施的建设。

北京地铁 4 号线是我国城市轨道交通领域的首个 PPP 项目,4 号线工程投资建设分为 A、B 两个相对独立的部分:A 部分为洞体、车站等土建工程,投资额约为 107 亿元,约占项目总投资的 70%,由北京市政府国有独资企业京投公司成立的全资子公司 4 号线公司负责;B 部分为车辆、信号等设备部分,投资额约为 46 亿元,约占项目总投资的 30%,由 PPP 项目公司北京京港地铁有限公司(简称"京港地铁")负责。京港地铁是由京投公司、香港地铁公司和首创集团按 2:49:49 的出资比例组建。

(四) PFI 模式

PFI(Private Finance Initiative)模式是政府与企业合作,由企业提供特定的政府公共物品或公共服务,政府直接向私营部门支付费用购买产品或服务,或者授予企业收费特许权。

(五) ABS 模式

ABS(Asset-Backed Securitization)模式也被称为资产证券化,它是以项目资产可以带来的预期收益为保证,通过一套提高信用等级计划在资本市场发行债券来募集资金的一种项目融资方式。

ABS 模式起源于美国。从 1968 年第一只 ABS 发行上市距今已经有 40 多年的历史,是美国市场最重要的创新型投融资产品之一。2007 年次贷危机后,该业务饱受诟病,发展一度减速并停滞。市场随即对资产证券化产品进行规范和创新,2009 年该业务重新获得快速发展。

我国对于 ABS 模式的探索始于 1984 年的课题研究。2005 年 4 月 20 日,由中国人民银行和银监会联合颁布《信贷资产证券化试点管理办法》,标志着我国资产证券化试点工作的正式启动。

2007 年,中国人民银行颁布《关于信贷资产证券化基础资产池信息披露有关事项的公告》,规范资产证券化的信息披露行为。

2012 年我国开始第二轮试点,中国人民银行、银监会和财政部联合下发《关于进一步扩大信贷资产证券化试点有关事项的通知》,标志着我国 ABS 模式重新启动。2013 年,国务院发布通知,要求逐步推进信贷 ABS 业务常规化发展。2015 年银监会开始启用注册制管理,ABS 模式进入快速发展阶段。

我国企业 ABS 模式发展相对较晚,2003 年证监会有关部门开始研究资产证券化相关课题,2004 年从课题研究转向试点工作,同年成立了资产证券化领导小组和工作小组,大力推动企业资产证券化产品的发展。

2005—2008 年开启首轮试点,2005 年 8 月,中国联通 CDMA 网络租赁费收益计划设立,是首单企业资产证券化项目。随后受到美国次贷危机的影响,企业资产证券化停滞。

2011 年 9 月,远东二期资产证券化产品的发行,标志着我国资产证券化市场的重新开启。2013 年,证监会正式颁布《证券公司资产证券化业务管理规定》,结束了我国企业资产证券化试点阶段,企业资产证券化市场正式进入常态化发展时期。2014 年正式开启企业资产证券化发行备案制。

三、项目融资风险的表现类型

项目融资风险的表现类型主要有以下几种。

(一)信用风险

项目融资所面临的信用风险是指项目有关参与方不能履行协定责任和义务而出现的风险。

(二)完工风险

完工风险是指项目无法如期完工,或者延期完工,甚至完工后无法达到预期运行标准而带来的风险。项目的完工风险存在于项目建设阶段、试生产阶段,它是项目融资的主要风险之一。完工风险对项目公司而言意味着利息支出的增加、贷款偿还期限的延长和市场机会的错过。

(三)生产风险

生产风险是项目融资的另一项主要风险,是指在项目试生产阶段、生产运营阶段中存在的技术风险、资源风险、能源和原材料供应风险和项目管理风险。

(四)市场风险

市场风险是指项目能否在一定的成本水平下按计划维持产品质量与产量,以及产品市场需求量与市场价格波动所带来的风险。市场风险主要有价格风险、竞争风险和需求风险,这些风险之间互相联系,互相影响。

(五)金融风险

金融风险是指在项目融资中利率风险、汇率风险两个方面。

(六) 政治风险

政治风险是指由于政治因素产生的风险。一种是国家风险,如借款人所在国现存政治体制的崩溃,对项目产品实行禁运、联合抵制、终止债务的偿还等;另一类是国家政治、经济政策稳定性风险,如税收制度的变更、关税及非关税贸易壁垒的调整、外汇管理法规的变化等。

在任何国际融资中,借款人和贷款人都承担政治风险,项目的政治风险可以涉及项目的各个方面和各个阶段。

(七) 环保风险

环保风险是指由于满足环保法规要求而增加的新资产投入或迫使项目停产等风险。随着公众越来越关注工业化进程对自然环境的影响,许多国家颁布了日益严厉的法令来控制辐射、废弃物、有害物质的运输及低效使用能源和不可再生资源。

中国日益重视环境保护,相关立法也逐渐完善。党的十九大报告指出:建设生态文明是中华民族发展的千年大计,"加快生态文明体制改革,建设美丽中国""绿水青山就是金山银山"。

为此,项目融资期内有可能出现的任何环保方面的风险应该引起相应的重视。

四、融资风险管理

融资风险在企业发展中非常重要,企业需要对融资风险采取适当的控制措施。

(一) 提高企业信用等级,提升融资水平

提高企业的信用等级,是企业融资能力最为关键的因素。信用等级提高,才能够使企业在融资方面获取更多资源。提升信用等级,可以从以下两点进行完善:

(1) 企业要完善财务管理、经营管理制度。企业要高度重视企业的内部运营和管理,从企业和员工发展角度出发,制定合理化规章,以保障员工有效开展工作,保障公司各部门之间有效运转。与此同时,要建立透明的财务管理机制,账务公开化,提高财务管理的专业能力,提升财务管理水平。

(2) 在对外经营方面,企业要秉持诚信经营的理念,增强重合同、守信用的诚信经营意识,从而提高企业的诚信与信誉,对外树立一个良好的形象,提升企业的信用等级。

(二) 健全科学融资结构,有效规避融资风险

对企业的融资风险实施有效风控,可以通过以下两个途径予以规范:

(1) 无论企业选择哪一种融资方式,都会有成本代价,同时会受到来自各方面的因素干扰。因此,在融资时,企业需要对各种融资渠道获得的资金的利弊加以权衡,从企业自身发展出发,考虑经营成本、投资收益等多个方面,将资金的投放和收益结合起来,在融资之前做好决策,以免出现失误。

(2) 企业需要从资本结构角度出发,建立科学合理的融资结构体系,使得各种融资方式之间可以相互补充,优化融资结构,从而有效规避融资带来的风险。

(三) 提高企业管理力度,做好融资风控工作

做好企业融资风控,防范融资风险的措施,可以通过以下两个方面来实施:

(1) 企业管理人员要树立风险意识,认识到融资风险在企业发展中是在所难免的,要端

正态度并采取有效的措施来降低风险,还要做好各项财务计划,合理安排筹集资金的数量和时间,从而提高资金效率。

(2) 如果企业在融资过程中因利率的变动而产生风险,就需要认真研究资金市场的供求情况,研究利率的实际走势,采取具体问题具体分析的原则,作出合理的安排。

习　题

单项选择题

1. 风险是指(　　)。
   A. 损失的大小　　　　　　　　　　B. 损失的分布
   C. 未来结果的不确定性　　　　　　D. 收益的分布

2. 风险与收益是相互影响、相互作用的,一般遵循(　　)的基本规律。
   A. 高风险低收益、低风险高收益
   B. 高风险高收益、低风险低收益
   C. 高风险高收益
   D. 低风险低收益

多项选择题

项目融资的弊端包括(　　)。
A. 较高的融资成本　　　　　　　　B. 风险分配的复杂性
C. 追索的不确定　　　　　　　　　D. 增加了贷款人的风险
E. 贷款人的过分监管

判断题

1. 项目融资适用于任何项目,且融资成本较高。　　　　　　　　　　　　(　　)
2. 项目的经济强度可以从两个方面来测量:一是项目未来的可用于偿还贷款的净现金流量;二是项目本身的资产价值。　　　　　　　　　　　　　　　　　　　　(　　)

第七章 跨国投资

 学习目标

1. 了解全球跨国投资的概念、特征。
2. 了解我国跨国投资的基本概况。
3. 结合时事分析当前跨国投资的新动态。

第一节 全球跨国投资

全球跨国投资是指投资者在全球范围内,将所拥有的资本分别投入两个或两个以上的国家企业进行直接或间接经营的投资形式。

全球跨国投资有不同的形式,如果以投资的时间长短为依据进行分类,我们可以将其分为长期跨国投资和短期跨国投资。一般而言,5年以上的跨国投资行为被称为长期跨国投资,5年以内的跨国投资行为则被称为短期跨国投资。

如以投资经营权有无为依据,全球跨国投资可以分为全球跨国直接投资和全球跨国间接投资。

一、全球跨国直接投资

(一) 概念

全球跨国直接投资常被称为对外直接投资(Foreign direct Investment,FDI)。根据国际货币基金组织对FDI的定义,其是指:在投资人所属国以外的国家所经营的企业拥有持续利益的一种投资,其目的在于对该企业的经营管理具有发言权。

(二) 特征

全球跨国直接投资的主要特征是投资者控制企业部分或全部所有权,直接参与经营管理,和以获取利润为主要目的,它本质上是一种资本对外输出。

全球跨国直接投资具有实体性、控制性、渗透性和跨国性的重要特点。具体表现在:

(1) 全球跨国直接投资和短期资本流动有所不同,它是一种长期资本流动的形式,它要求投资主体必须在本国以外拥有企业实体,能够直接从事各类经营活动。

(2) 全球跨国直接投资有两种表现形态:资本的国际转移、拥有经营权的资本国际流动,也就是说,它既有货币投资形式又有实物投资形式。

(3) 全球跨国直接投资是取得对企业经营的控制权,不同于间接投资,它通过参与、控制企业经营权获得利益。

(三) 分类

全球跨国直接投资有创办新企业、控制外国公司股权、以利润进行再投资等三种形式。

(1) 创办新企业公司是指投资者直接到国外进行投资,建立子公司、分支机构等,或者收购国外现有的企业或公司等,从事生产与经营活动。

(2) 控制外国公司股权是指购买外国公司股票并达到一定比例,从而拥有对该外国公司进行控制的股权。

(3) 以利润进行再投资是目前较新但经常采用的全球跨国直接投资形式。其是指投资者把通过全球跨国直接投资所获得的一部分或全部利润,留存于国外,继续用于对所投资企业的追加投资。以利润进行再投资的直接投资,随着国际投资的深入,越来越成为直接投资的重要形式。

据统计,目前全球跨国公司总数已超过8万家,世界500强公司全是跨国公司。而这些公司的不断发展壮大,全部得益于全球跨国直接投资。

比如,全球最大的汽车公司之一美国通用汽车公司成立于1908年,自1931年起成为全球汽车业的领导者。在《财富》杂志评选的2019年财富世界500强排行榜中,通用汽车公司排名第32位。

通用汽车公司的发展壮大,主要依赖于其的全球跨国投资战略。建立跨国战略联盟是通用汽车公司经营战略的重要组成部分。据统计,通用汽车公司已在全球35个国家建立了汽车制造业务,其汽车产品销往世界各地。

通用汽车公司的全球战略合作伙伴包括意大利菲亚特汽车公司、日本富士重工株式会社、五十铃汽车株式会社以及铃木汽车株式会社,合作内容涉及产品、联合采购等。同时,通用汽车公司是韩国通用大宇汽车科技公司最大的股东。此外,通用汽车公司还与德国的宝马汽车公司和日本的本田汽车公司开展技术协作,与日本的丰田汽车公司、五十铃汽车株式会社和中国的上海汽车工业(集团)总公司,俄罗斯的AVTOVAZ汽车公司及法国的雷诺汽车公司共同研发生产汽车。

仅以中国为例,通用汽车公司进入中国已超过90年。其在中国已建立有12家合资企业和2家全资子公司。比如,上海通用汽车有限公司是由通用汽车中国公司与上海汽车工业(集团)总公司共同建立的合资公司。通用汽车(中国)投资有限公司是通用汽车公司在上海建立的独资企业。

二、全球跨国间接投资

全球跨国间接投资也被称为国际证券投资,是指在国际证券市场上通过购买外国企业发行的股票和外国企业或政府发行的债券等有价证券,来获取利息或红利的投资行为。全球跨国间接投资以取得一定的收益为目的,一般不存在对企业经营管理权的取得问题,即使是对股权证券进行投资,也不构成对企业经营管理的有效控制。

三、全球跨国直接投资的趋势

由于全球跨国直接投资对世界经济的影响较大,我们更为关注全球跨国直接投资的发展趋势。近年来,其主要呈现以下的一些发展趋势。

(一) 呈现上升和下滑周期交替出现

20世纪90年代以来,世界经济增速较快,全球贸易投资自由化步伐加快,全球跨国直接投资进入黄金发展期。据统计,2000年全球跨国直接投资流量总额达13 929.6亿美元,达到30年来的顶峰。但受世界经济低速增长影响,2001年以来全球跨国直接投资连年下降,2003年跌至5 600亿美元,创近年来的新低。随着世界经济形势的好转和跨国公司经营状况的改善,从2004年起全球跨国直接投资开始回暖。

最近几年,在全球各国普遍面临经济下滑的大背景下,投资者同时需要面对地缘政治冲突、贸易保护主义和民族主义等诸多不确定性,导致商业投资信心不足,全球跨国直接投资的增长前景继续受阻。根据统计,2019年全球跨国直接投资流量总额为1.39万亿美元,较2018年下降约1%,这也是全球跨国直接投资流量连续4年出现下滑,但降幅有所减缓。

2020年,全球受到疫情影响,势必会导致全球跨国直接投资的断崖式下降,前景不容乐观。

(二) 全球跨国直接投资在发展中国家的比重有所上升

在跨国直接投资中,发达国家始终占主导地位,但近年来发展中国家增长势头迅猛。据《2018世界投资报告》显示,2017年流入发达国家的外国直接投资相较上年下降了37%,而流入发展中经济体的外国直接投资则保持平稳;中国是全球第二大外资流入国和第三大对外投资国,并继续成为发展中国家中最大的外资流入国和对外投资国。

(三) 全球跨国直接投资的热点是中东欧和非洲等一些新兴国家

近年来亚太地区一直是跨国直接投资的热点地区,中东欧和非洲发展潜力较大。在2019年全球跨国直接投资比2018年下降约1%的情况下,发展中国家外国直接投资流入保持不变,约6 940亿美元;拉美加勒比地区增加16%;非洲增加2%;亚洲发展中国家虽下降6%,但仍占全球总量的1/3;转型经济体增加2/3,达到570亿美元;发达国家外资流入下降6%,约为6 430亿美元,仍处于历史最低水平;欧盟下降15%,为3 050亿美元;美国保持稳定,为2 510亿美元。

(四) 全球跨国直接投资中的跨国并购有所萎缩

2019年全球跨国并购规模总计4 900亿美元,同比大幅下跌近40%,是2014年以来的新低点。其中,萎缩最严重的是服务业,同比降低56%至2 070亿美元,其次是制造业,下降19%至2 490亿美元,初级部门下降14%至340亿美元;从行业细分来看,金融和保险业、化工行业的并购活动颓势最为明显。

大型并购项目的减少也是并购总额大幅萎缩的重要原因。2019年,50亿美元以上的超大型并购项目由2018年的39个减至30个。以美国公司作为并购目标的交易仍是全球并购活动的主要构成部分,特朗普政府的保护主义政策在一定程度上阻碍了外国公司对美国标的企业的收购。

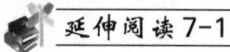
延伸阅读7-1

家乐福的成功秘诀

家乐福是法国零售业的龙头老大,经过多年来的不断发展,已发展成为遍布世界的连锁店的跨国公司,成为仅次于美国沃尔玛的全球第二大零售商。家乐福在短短几十年的时间内创造辉煌,得益于其有效的跨国经营策略。

面对国内有限的市场空间,家乐福开始进行全球规划,以寻求新的增长点。为了实现自己的跨国经济战略,减少跨国经营的障碍,家乐福首先进军西班牙、葡萄牙和意大利等南欧国家,地理文化、习俗等方面的共同点,使其很容易进入这些国家。随后,家乐福便向全欧洲、中南美洲和亚洲扩张。在销售潜力巨大的中国、泰国、印度、巴西及阿根廷等市场上,家乐福都已占有制高点,具有广阔的发展前景。

耐克公司的跨国投资

耐克公司创建于1964年。它是世界头号运动鞋生产公司。这样一家大型的跨国公司其总部(设在美国的俄勒冈)只有一些低矮的楼房。就生产角度而言,耐克公司与人们心目中所认同的"跨越国界生产和销售"的跨国公司似乎相距甚远,因为公司本身并不"生产"运动鞋,公司只保留对产品设计和广告营销环节的控制权,而将价值链的其他环节分散到全球许多国家。例如,97%以上的耐克运动鞋的生产采取在发展中国家通过合同承包、加工返销的形式进行。其中相当一部分产品曾在韩国和中国台湾进行生产,然后由耐克公司收购,再销往世界各地。由于人力成本的上升,耐克公司关闭了在韩国和中国台湾的20多家工厂,又在工资更为低廉的印度尼西亚、中国大陆和泰国新设了35家新工厂。一双印度尼西亚制造的耐克鞋成本仅为5.6美元,而其在北美和欧洲市场上的平均售价可达73美元,有的甚至高达135美元。

习　题

多项选择题

1. 全球跨国直接投资具有(　　)的重要特点。
   A. 实体性　　　　　　　　　B. 控制性
   C. 渗透性　　　　　　　　　D. 跨国性
2. 全球跨国直接投资有(　　)等形式。
   A. 与东道主国创办独资企业　　B. 控制外国公司股权
   C. 以利润进行再投资　　　　　D. 对外发行债券
   E. 与东道主国创办合资企业

第二节　中国跨国投资

中国的跨国投资起步较晚,并且具有鲜明的时代特色。

新中国成立初期,中国跨国投资具有明显的时代特征,主要以对外援助项目为主,针对的是亚洲、非洲和拉丁美洲等国家和地区。在这个时期,中国跨国投资具有较强的计划经济特点。

改革开放之后,中国跨国投资进入试水阶段。

中国的国际经济合作业务以贸易出口和利用外资为重点。中国企业的跨国投资则从对外援助,转变为海外工程承包和劳务输出为主要形式。

这一时期,中国跨国投资规模有限,呈现零星散状分布。20 世纪 80 年代,中国的外汇储备仅有几亿美元,1989 年也仅有 55.5 亿美元。全球范围来看,大多数地区的开放度和市场购买能力较弱,仅有少数地区市场发育较为成熟。当时的市场参与主体也主要是国有企业。

当时,中国承包设备出口公司、中国建筑工程公司、中国公路桥梁工程公司和中国土木工程公司等 4 家国有企业是跨国投资的主力军。

成立于 1979 年的中国国际信托投资公司在美国、加拿大试水跨国直接投资。比如,1986 年中信加拿大公司与加拿大鲍尔公司以 50∶50 的股权比例共同收购加拿大塞尔加纸浆厂。

20 世纪 90 年代,随着中国由计划经济向市场经济转变,中国跨国投资开始向市场化方向转换,在更广范围内寻找发展的稳定支撑。

1990 年,中国外汇储备达到 110.93 亿美元,1996 年首次突破 1 000 亿美元,1999 年达到 1 546.75 亿美元。外汇储备的增加,为中国跨国投资的飞速发展提供资金保障。

1992 年,国务院批准扩大首钢、鞍钢、大庆等大型企业的投资立项权,授予其自主决定 1 000 万美元以下的海外投资项目的权利。同年,首钢以 1.2 亿美元购买濒临倒闭的秘鲁铁矿公司 98.4% 的股权。

20 世纪末"走出去"战略的提出和 21 世纪初中国加入 WTO,是中国跨国投资进入新阶段的明确标志。中国企业跨国投资的意愿强烈,无论是规模、行业、所有制、地域,中国都先后超过很多发达国家,成为全球最大的跨国投资来源国之一。

2004 年 12 月,联想集团宣布以 12.5 亿美元的现金和股票收购 IBM 的全球台式电脑和笔记本业务,一跃成为全球个人电脑的主要提供商之一,这项跨国并购被誉为"蛇吞象"的创举。10 年后,联想集团又以 23 亿美元收购 IBM 的服务器资产,大幅度提升在服务器领域的国际地位。

在这个阶段,中国企业的对外投资更为多元化,不仅广泛进入矿产、能源资源领域,也在服务业等产业形成竞争力。

2008 年,美国次贷危机引起的全球经济危机终结进入 21 世纪以来全球经济持续增长的上升通道。中国的外汇储备却在经济危机爆发后连续突破 2 万亿、3 万亿和 4 万亿美元。同时,中国企业积极把握机遇,对欧美等发达国家进行跨国投资。万达先后收购美国第二大院线 AMC、英国豪华游艇制造商圣汐公司、西班牙马德里竞技俱乐部,吉利收购沃尔沃公司,三一重工收购德国混凝土制造商普茨迈斯特,万向收购美国 123 电池公司,等等。

进入新时代,中国积极推动"一带一路"战略的实施,以共商、共建、共享为原则,促进沿线国家共同发展。中国在 2013 年发起的"一带一路"倡议,涉及 65 个国家 48 亿人口,占全球人口的 44%、世界 GDP 的 62%,贡献 40% 的实际 GDP 增长。

据统计,2013—2018 年,中国企业对沿线国家直接投资超过 900 亿美元,在沿线国家完成对外承包工程营业额超过 4 000 亿美元。

根据安永发布的《2019 年全年中国海外投资概览》统计,2019 年,中国全行业对外直接投资 1 171.2 亿美元,同比下降 9.8%,非金融类直接投资 1 106 亿美元,同比下降 8.2%;投资结构更加均衡,主要流向租赁和商务服务业、制造业、批发业和零售业。中企宣布的海外并购总额 686 亿美元,同比下降 31%;宣布的并购数量 591 宗,同比减少 23.5%;第三、第四季度并购金额及数量同比降幅均大幅收窄。按并购金额计,前三大行业为 TMT(包括科技、媒体和通信)、消费品及电力和公用事业。按并购数量计,前三大行业为 TMT、先进制造和运输及消费品。

亚洲是最受中企欢迎的海外并购目的地,投资金额占比超过 30%;除了亚洲(同比增长 19.1%)和非洲(同比增长 26.1%)取得逆势增长外,中企在其他各大洲的并购均有不同程度的降幅,特别是在欧洲和北美洲的并购分别大幅度减少,下降近 60% 和 30%,分别创 2014 年和 2012 年以来的新低。

对外承包工程新签合同额 2 602.5 亿美元,同比增长 7.6%,完成营业额 1 729 亿美元,同比增长 2.3%;在"一带一路"沿线国家新签对外承包工程合同额 1 548.9 亿美元,占同期总额的 59.5%,同比增长 23.1%。

中国跨国投资从无到有,取得巨大成就,但在实施过程中也存在不少阻力,比如少数国家以所谓"国家安全"、反垄断和国有企业为理由,阻止中国跨国投资。中国企业跨国投资遇到文化冲突等情况。这些都需要中国企业不断去学习和适应,才能让中国跨国投资之路,越走越宽阔。

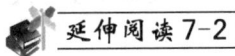
延伸阅读 7-2

奥巴马拍的《美国工厂》火了! 他为什么盯上了中国的"玻璃大王"

一位来自社会主义国家的商人带着资金,在资本主义大本营振兴建厂,并与美国工人阶级斗智斗勇。

多么魔幻的剧情,而它就发生在现实生活中!

最近,美国前总统奥巴马夫妇投资的首部纪录片《美国工厂》在奈飞(Netflix)播出。该纪录片讲述了中国福耀玻璃老板曹德旺到美国投资开厂后发生的种种故事。

曹德旺的工厂坐落于俄亥俄州的代顿市。2008 年 12 月,通用汽车在这里的工厂正式关闭,造成当地 2 000 多名工人失业。2014 年年底,曹德旺来到这里接手旧工厂,开办了福耀玻璃美国工厂。这给当地的老百姓带来了很多希望。

《美国工厂》的故事也是从这里开始……

"让他们拍一部他们想拍的影片"

曹德旺太有名了,他的一举一动都备受关注,即使是在大洋彼岸的美利坚合众国。

人们好奇"一个中国人为啥非要到美国开厂子",而曹德旺最初的目的很明确——赚钱。

早在 20 世纪 90 年代,曹德旺就已瞄准了美国市场。当时,他发现美国市场上玻璃的零售价格是自己卖给美国大批发商的好几倍。于是,在美国建仓库的想法出现在了曹德旺的脑中。

实干型的曹德旺,有了想法就要付诸行动,美国设厂的事情马上被提上日程。为调查国外的投资环境,他让团队做了中美税收比较分析,一张表分两栏,中国缴什么,美国缴什么,对比差多少,一目了然。

身为商人,自然是在商言商。然而,他在美国开工厂的行为却被人们看作是"跑路"。一时间,"曹德旺跑路"的新闻铺天盖地。

面对争议,这位老人掰着手指头给大家算账:美国能源比中国便宜,天然气价格只是中国的1/5,电费是国内的1/3,水费连1/3都不到。而且,运输成本低,赋税还能省下一半,算起来总利润会差40%。总的来说,在美国能多赚百分之十几。

可当初口中的"多赚百分之十几",曹德旺用了好几年时间才实现。

曹德旺曾公开提到过:"我在美国投资是从1995年开始的,原来拿几百万、一千万美元去投资。对美国政治、文化、市场观察了20年后,我才下手。"

很长一段时间内,福耀在美国的发展以贸易为主。随着中国制造业整体水平不断提升,中国政府鼓励企业"走出去",加上美国政府支持制造业回流,福耀才选择在美投资建厂。

2013年,福耀在美国的几个州同时寻找80英亩以上的投资项目。当时,曹德旺接触了好几个州:俄亥俄、阿拉巴马、田纳西、肯塔基、乔治亚和密歇根。最终,俄亥俄州政府说:"嗨,我们有一个通用汽车废弃的巨大工厂,有上百英亩,你要不要来看看?"

就这样,1年后,由福耀投资的位于俄亥俄州代顿地区南部莫瑞恩市的福耀玻璃美国有限公司汽车玻璃工厂,在2014年10月正式竣工投产,成为全球最大的汽车玻璃单体工厂。

福耀不仅是莫瑞恩最大的投资项目,也是近年来美国获得的最大的投资项目之一,能获得的优惠力度自然不同。福耀目前已经投入至少700百万美金来引进机器、设备及生产玻璃的原材料等,建立了至少24条生产线。

曹德旺在美国办工厂的事吸引了导演史蒂文·博格纳尔和朱莉娅·赖克特。他们是代顿本地人,长期关注当地工业退潮和劳资关系等议题,曾跟踪拍摄了通用汽车俄亥俄州代顿工厂倒闭关门的过程。

最初,曹德旺本打算邀请外部团队拍摄一部宣传片,但和两位导演沟通后决定"让他们拍一部他们想拍的影片",并给予纪录片足够的自由,将公司高墙内的秘密公开。

于是,一部耗时3年、收集了长达1 200个小时的素材、内容有关全球化并对普通人的生活和感受给予了很多关注的纪录片《美国工厂》由此诞生。

"'怕'和'恨'什么都解决不了"

曹德旺生产的是玻璃,他的发家史也如玻璃一般透明。他曾说:"我的企业是干净的,我挣的钱也是清白的。"

2019年,曹德旺以22亿美元身家登上福布斯全球亿万富豪榜。

钱赚得多了,新麻烦又"找"上了他。

2001年,中国加入世界贸易组织。同一年,曹德旺便接连打了两场官司。

先是加拿大国际贸易法院向包括福耀在内的中国汽车玻璃行业发起反倾销调查。经过8个月的艰苦应诉,法院裁定来自中国的汽车玻璃在加拿大的销售不构成侵害。这是中国入世后赢得的第一起反倾销案。

没多久,美国商务部也应几家本国制造企业申请,对福耀进行反倾销调查。作为民营企业的福耀,显然不符合美国人"拿了中国政府的补贴,再低价把产品拿到美国来倾销"的说法。为了反击,曹德旺花费数百万美元的律师费请来了全美国最好的律师,反过来向美国国际贸易法院起诉美国商务部和几家美国企业。

历时4年,福耀终于胜诉并一战成名,成为第一家状告美国商务部并赢得胜利的中国企业。2006年美国时任商务部部长访问中国时,还曾点名约见曹德旺。

曹德旺后来回忆说,感谢这些官司,不仅让他代表中国在世界面前获得尊严,也保证了企业的持续发展。之后,他还以个人名义在中国的一所大学成立了"福耀反倾销研究中心"。

在不少中国企业面对国际竞争尚觉胆怯的时候,曹德旺作出了表率。"反倾销官司是一个贸易条约国唯一允许的行政保护手段,但是企业必须站出来讲清楚。只有通过积极应对来解决,'怕'和'恨'什么都解决不了。"

2016年,曹德旺获得玻璃行业国际最高奖——凤凰奖,成为46年来获此荣誉的第一个中国人。一位玻璃行业从业人员说:"中国汽车工业的发展离不开福耀,而曹德旺也改变了汽车玻璃行业的世界格局。"

做产品做成"玻璃大王",做企业做成行业龙头老大,做人做成了明星企业家,这就是曹德旺的商海人生。

福耀玻璃美国工厂的背后,是中国企业家在当今经济大浪潮下的冒险精神和勃勃野心。这条路注定曲折,规则、文化以及某些隐性的政治成本皆为障碍。而曹德旺正在用他自己的方法逐步解决问题,称得上是中国企业全球化拓荒者的小小胜利。

未来,曹德旺还将面临更多问题,也会继续向世人讲述他的"美国往事"……

资料来源:朱东君、郑心怡、二水:节选自《环球人物》,2019年第17期。

习 题

单项选择题

1. 中国于(　　)年加入WTO。
   A. 1999　　　　　　　　　　B. 2000
   C. 2001　　　　　　　　　　D. 2002
2. 2004年12月,(　　)集团宣布收购IBM的全球台式电脑和笔记本业务。
   A. 联想　　　　　　　　　　B. 万达
   C. 三一重工　　　　　　　　D. 腾讯

参考文献

1. 欧阳令南.公司财务[M].上海:上海交通大学出版社,2004.
2. 杨晔.投融资学[M].上海:上海财经大学出版社,2017.
3. 张中华,谢进诚.投资学[M].北京:中国统计出版社,1994.
4. 王化成,张洪新.现代企业筹资实务[M].北京:中国审计出版社,1996.
5. 李俊元.投融资体制比较[M].北京:机械工业出版社,2003.
6. 蒋政,王琪,等.融资方略[M].北京:经济管理出版社,2003.
7. 戴维·罗默.高级宏观经济学[M].王根蓓,译.上海:上海财经大学出版社,2003.
8. 平新乔.财政原理与比较财政制度[M].上海:上海三联书店、上海人民出版社,1995.
9. 杨大楷.国际投资学[M].上海:上海财经大学出版社,2003.
10. 杨大楷.中级投资学[M].上海:上海财经大学出版社,2004.
11. 杨大楷,刘庆生,刘伟.中级国际投资学[M].上海:上海财经大学出版社,2002.
12. 王益民.投资融资与资本市场化运作全书[M].北京:九州出版社,2001.
13. 潘飞,朱百鸣.企业筹资决策[M].上海:立信会计出版社,2002.
14. 卢汉林.国际投融资[M].武汉:武汉大学出版社,1998.
15. 张洪涛,郑功成.保险学[M].北京:中国人民大学出版社,2000.
16. 李祝用,等.信托公司运作规程[M].北京:中央民族大学出版社,1997.
17. 赵奎,朱崇利.金融信托理论与实务[M].北京:经济科学出版社,2003.
18. 王淑敏,陆世敏.金融信托与租赁[M].北京:中国金融出版社,2002.
19. 曹建元.信托投资学[M].上海:上海财经大学出版社,2004.
20. 颜寒松.基金管理公司投资策略[M].上海:上海财经大学出版社,2000.
21. 陈儒.投资基金运作及风险控制[M].北京:中国金融出版社,1998.
22. 张健.投资基金手册[M].北京:中国城市出版社,2000.
23. 于建国,余有红,等.投资基金的运作与发展[M].上海:上海人民出版社,1998.
24. 金建栋.金融信托全书[M].北京:中国财政经济出版社,1994.
25. 邵祥林,董贤圣,丁建臣.信托投资公司经营与管理[M].北京:中国人民大学出版社,2004.
26. 李俊元.投融资体制比较[M].北京:机械工业出版社,2003.
27. 张元萍.风险投资运行机制与模式[M].北京:中国金融出版社,2003.
28. 俞建国.中国中小企业融资[M].北京:中国计划出版社,2002.
29. 张玉明.民营企业融资体系[M].济南:山东大学出版社,2003.
30. 白雪光.当前国有商业银行债券投资管理存在的问题及其对策[J].金融广角,2003(1).
31. 王克菲.商业银行进行有效融资应把握的原则[J].农村金融研究,2000(4).

32. 张极井.项目融资[M].北京:中信出版社,2003.
33. 于春红.改革投融资体制拓宽投融资渠道[J].商业研究,2003(12).
34. 舒立.统一授信与防范商业银行融资风险[J].济南金融,2002(6).
35. 曹尔阶.对当前金融形势和投融资体制改革的几点看法[J].投资研究,2003(9).
36. 刘秋雁.房地产投资分析[M].大连:东北财经大学出版社,2003.
37. 俞明轩,丰雷.房地产金融[M].北京:中国人民大学出版社,2002.
38. 龙胜平.房地产金融与投资[M].北京:高等教育出版社,1999.
39. 曹振良,高晓慧,等.中国房地产业发展与管理研究[M].北京:北京大学出版社,2002.
40. 余恕莲.无形资产评估[M].北京:对外经济贸易大学出版社,2003.
41. 王维平.企业无形资产管理[M].北京:北京大学出版社,2003.
42. 于玉林.无形资产战略研究[M].北京:中国金融出版社,2004.
43. 金乃成,崔劲,等.无形资产管理与评估[M].北京:中信出版社,1995.
44. 蒋金怀,郭长宝.资产评估案例解析[M].北京:经济科学出版社,1997.
45. 魏进高.发展中国金融衍生品市场的思考[J].重庆工商大学学报,2003(12).
46. 朱健仪,淑欢.资产评估学[M].广州:中山大学出版社,2002.
47. 于玉林.现代无形资产学[M].北京:经济科学出版社,2001.
48. 霍文文.证券投资学[M].上海:上海财经大学出版社,2001.
49. 丛树海.证券投资基金[M].上海:上海财经大学出版社,2002.
50. 慕刘伟.国际投融资理论与实务[M].成都:西南财经大学出版社,2004.
51. 胡荣水.海外融资实务[M].北京:中国发展出版社,1998.
52. 罗东勤.投资经济学[M].北京:社会科学出版社,2003.
53. 孔淑红,梁明.国际投资学[M].北京:对外经济贸易大学出版社,2001.
54. 金德环.投资经济学[M].上海:复旦大学出版社,1992.
55. 苑改霞.银证受托理财的理性思考[J].经济理论与经济管理,2003(7).
56. 程兴华.现代企业投资决策管理[M].上海:立信会计出版社,1996.
57. 谢作渺.企业如何防范风险[M].北京:新华出版社,2002.
58. 何进日.财务管理[M].成都:西南财经大学出版社,2002.
59. 冯彬.企业投融资[M].上海:上海财经大学出版社,2004.
60. 刘伟华.风险管理[M].北京:中信出版社,2002.
61. 吴安平,等.财务管理学教学案例[M].北京:中国审计出版社,2001.
62. 乔世震.财务案例[M].北京:中国财政经济出版社,1999.
63. 杨黎妮.浅谈证券公司的资金管理[J].上海会计,2002(8).
64. 许平彩.谈证券自营业务的风险及防范[J].经济管理,2004(2).
65. 梁红.企业应收账款融资创新[J].现代企业,1998(12).
66. 杨帆,等.保险公司资金运用国内外比较研究[N].金融时报,2002-3-25.
67. 许崇证.中国保险基金的困境及其出路[J].金融与保险,2003(12).
68. 黄亚辉,等.保险资金运用现状趋势及建议[J].济南金融,2004(6).
69. 邱艳芳.中资保险公司资本金扩充途径比较[J].上海保险,2003(5).

70. 秦振球,俞自由.保险公司投资比例问题研究[J].财经研究,2003(2).
71. 吴洪涛.商业银行的表外融资业务[J].现代商业银行,2003(5).
72. 刘兴华.我国商业银行资产证券化融资探析[J].江西财经大学学报,2000(3).
73. 邢成,高艳松.证券公司及资产管理业务对信托业的影响[J].经济导刊,2003(12).
74. 马瑾,朱纪平.我国证券公司资产管理业务现状分析[J].商业研究,2003(1475).
75. 张影.西方企业财务管理[M].天津:天津大学出版社,1993.
76. 刘志友.商业银行投资理财业务创新过程的几点思考[J].现代管理科学,2002(2).
77. 李维宁,等.投融资管理[M].深圳:海天出版社,2001.
78. 王文华.公司理财案例[M].上海:上海大学出版社,2002.
79. 钱春萍,郑见.资金运作[M].北京:中国物资出版社,2003.
80. 李荣融.外国投融资体制研究[M].北京:中国计划出版社,2000.